高校实验室科学技术

(第一辑)

主　编

董治宝

副主编

(按姓氏笔画排列)

朱　臻　纪克功　李保新　李剑利　赵　煜　韩　卿

编委会委员

(按姓氏笔画排列)

王晓玲　尹洪峰　曲　范　吕　磊　朱　臻　纪克功　李保新
李剑利　时保宏　张海宁　张　辉　陈永当　罗红伟　赵　婕
赵　煜　袁　磊　唐俐玲　董治宝　韩　卿　韩　曼　霍　燕

陕西新华出版传媒集团
陕西科学技术出版社
Shaanxi Science and Technology Press
——西安——

图书在版编目(CIP)数据

高校实验室科学技术. 第一辑 / 董治宝主编. —西安:陕西科学技术出版社,2022.6

ISBN 978-7-5369-8411-0

Ⅰ. ①高… Ⅱ. ①董… Ⅲ. ①高等学校－实验室－工作 Ⅳ. ①G647.62

中国版本图书馆 CIP 数据核字(2022)第 056252 号

高校实验室科学技术·第一辑

董治宝　主编

责任编辑	黄　鹤　李雨桐
封面设计	曾　珂

出　版　者	陕西新华出版传媒集团　陕西科学技术出版社 西安市曲江新区登高路 1388 号陕西新华出版传媒产业大厦 B 座 电话(029)81205187　传真(029)81205155　邮编 710061 http://www.snstp.com
发　行　者	陕西新华出版传媒集团　陕西科学技术出版社 电话(029)81205180　81206809
印　　　刷	西安市久盛印务有限责任公司
规　　　格	880mm×1230mm　16 开本
印　　　张	8
字　　　数	250 千字
版　　　次	2022 年 6 月第 1 版 2022 年 6 月第 1 次印刷
书　　　号	ISBN 978-7-5369-8411-0
定　　　价	58.00 元

版权所有　翻印必究

目 录

实验室教学与改革

大气科学本科教学发展探索——以兰州大学为例 ………………………………………… 雒佳丽（3）

基于机械类专业创新创业实验室学生培养模式研究 ……………………………………… 张瑞圆（8）

数字电路实验教学改革 ………………………………………………… 张翠翠,张鹏辉,符 均,等（13）

成果导向教育的工程专业课程思政实践研究 ……………………………………… 赵月霞,李 静（18）

"实验室安全学"课程线上线下混合式教学模式探索与实践

……………………………………………………………………… 王丹琴,朱利安,余艺平,等（23）

数字电路和EDA实验箱的研制及数字电路实验教学改革 ……………………… 徐少莹,周佳社（29）

项目式教学法在高等农业院校实验教学中的应用探索——以研究生"环境污染控制技术"课程为例

……………………………………………………………………… 尹晓明,朱毅勇,杨超光,等（33）

高校技术类学科学生应用创新能力培养"3+n"理论及思考 ……………… 纪 元,刘 峰,申旭红,等（38）

实验技术与方法

柔性驱动实验教学系统设计及开发 ………………………………………… 索劭轩,贾友凯,杨浙帅,等（45）

一个探索型有机化学实验——水合茚三酮的制备 ……………………… 姜 爽,靳晓宁,张万东（51）

基于FPGA的千兆网传输系统的设计与实现 …………………………… 张翠翠,刘星宇,王中方,等（58）

不同固定液对组织化学冰冻切片效果的影响 ……………………………… 张志勤,王宏元,吴 臻（65）

化学实验室中真空系统的三个管理措施 ………………………………… 陈云华,丁 琼,张海波,等（68）

计算机技术与应用

虚拟仿真技术在材料制备实验教学中的实践与探索 ……………………… 吴 音,刘蓉翱,耿志挺（75）

煤矿机械虚拟仿真实验教学项目设计与开发 …………………………… 樊红卫,张旭辉,杜昱阳,等（79）

加工硬化实验虚拟仿真教学平台的设计与开发 …………………………… 石铭霄,陈书锦,周方明,等（85）

实验室建设与管理

以安全为重心的理念下高校教学实验室的管理与建设 …………………… 曹晓梅,张 平,陈笑笑,等(91)

美国高校实验室安全管理经验及其对国内实验室的启示 …………………… 张 悦,张嘉嘉,李福海(95)

释光测年实验室的建设 …………………… 刘瑛娜,魏 欣,翟 宇(100)

XPS 大型真空互联测试平台的建设及管理模式探讨 …………………… 刘佳梅,孙 宇,孟令杰,等(103)

前沿探索

民族大学过控专业新工科实践体系的构建 …………………… 刘天霞,姜国平,刘 海(109)

线上教学资源建设及在线教学实践与体会 …………………… 任爱锋,袁晓光,冯 伟,等(112)

新冠疫情下《机械原理》课程在线教学探索 …………………… 张洪申,吴海涛,何家宁(116)

CONTENTS

Exploring the Development of Undergraduate Teaching in Atmospheric Science
——Examples from Lanzhou University ·················· Luo Jiali(3)

Study on the Student Training Mode of Innovation and Entrepreneurship Laboratory for Mechanical Major
·················· Zhang Ruiyuan(8)

Teaching Reform on Digital Circuit Experiment ·············· Zhang Cuicui, Zhang Penghui, Fu Jun, et al. (13)

Research on Integrating the Course Ideology Elements into Industrial Engineering Course in Outcome-based Education ·················· Zhao Yuexia, Li Jing(18)

Exploration and Practice of Online and Offline Hybrid Teaching Mode of Laboratory Safety Course
·················· Wang Danqin, Zhu Li'an, Yu Yiping, et al. (23)

The Development of Experiment Box of the Digital Circuit and EDA and the Reform of Digital Circuit Experiment Teaching ·················· Xu Shaoying, Zhou Jiashe(29)

Investigation on the Application of Teaching Method of Project Organization in Graduate Experimental Course
——Taking the Course "Technology for the Control of Environmental Pollution" as an Example
·················· Yin Xiaoming, Zhu Yiyong, Yang Chaoguang, et al. (33)

"3 + n" Theory and Thinking on the Practical and Innovative Abilities of Technology Major Students
·················· Ji Yuan, Liu Feng, Shen Xuhong, et al. (38)

Development and Design of the Flexible Driving Experiment Platform
·················· Suo Shaoxuan, Jia Youkai, Yang Zheshuai, et al. (45)

An Exploratory Organic Chemistry Experiment——The Preparation of Ninhydrin
·················· Jiang Shuang, Jin Xiaoning, Zhang Wandong(51)

Design and Implementation of Gigabit Network Transmission System Based on FPGA
·················· Zhang Cuicui, Liu Xingyu, Wang Zhongfang, et al. (58)

Comparative Study on Ten Different Fixation Solutions Effects on Histochemistry Staining
·················· Zhang Zhiqin, Wang Hongyuan, Wu Zheng(65)

Three Management Measures of Vacuum System in Chemical Laboratory
.... Chen Yunhua, Ding Qiong, Zhang Haibo, et al. (68)

Practice and Exploration of Virtual Simulation Technology in Experimental Teaching of Material Preparation
.... Wu Yin, Liu Rongxuan, Geng Zhiting (75)

Design and Development of Mine Machine Virtual Simulation Experiment Teaching Project
.... Fan Hongwei, Zhang Xuhui, Du Yuyang, et al. (79)

Design and Development of Teaching Platform of Virtual-simulation for Work-hardening Experiment
.... Shi Mingxiao, Chen Shujin, Zhou Fangming, et al. (85)

A Study on the Management and Construction of Biochemistry Teaching Laboratory
in Universities under the Concept of Safety .... Cao Xiaomei, Zhang Ping, Chen Xiaoxiao, et al. (91)

Discussion on the Laboratory Safety Management of American Universities and Enlightenment for Domestic Laboratories
.... Zhang Yue, Zhang Jiajia, Li Fuhai (95)

Construction of Luminescence Dating Laboratory .... Liu Yingna, Wei Xin, Zhai Yu (100)

Research on Construction and Management Mode of XPS Large Vacuum Interconnection Characterization
Platform .... Liu Jiamei, Sun Yu, Meng Lingjie, et al. (103)

Built Practice System of Process Equipment and Control Engineering under the New Engineering Course
Background for Minzu University .... Liu Tianxia, Jiang Guoping, Liu Hai (109)

Practice and Experience of Online Resources Construction and Online Teaching
.... Ren Aifeng, Yuan Xiaoguang, Feng Wei, et al. (112)

Exploration on the On-line Teaching of Mechanical Principle Course upon Fighting Against COVID-19
.... Zhang Hongshen, Wu Haitao, He Jianing (116)

实验室教学与改革

大气科学本科教学发展探索
——以兰州大学为例

雒佳丽

(兰州大学 大气科学学院,甘肃 兰州 730000)

摘 要:大气科学的本科教学应紧抓"双一流"建设的历史机遇,遵照国家相关战略布局,牢固树立"立德树人、以人为本"的人才培养理念,并结合学科特点提出加强思政建设、完善双语教学、紧盯学科前沿方向、进行互动教学、加强实践教学、准备线上课程等教学发展方向的探索。为国家培养有道德、有理想、有责任、有担当的社会主义建设者和接班人;为民族培养有家国情怀、民族大义、内外兼修的新时代人才;为社会培养理论扎实、业务过硬、有创新精神并且具备全球视野的大气科学的高层次人才。

关键词:教学发展;大气科学;立德树人;思政建设

中图分类号:G642.0

Exploring the Development of Undergraduate Teaching in Atmospheric Science
——Examples from Lanzhou University

Luo Jiali

(College of Atmospheric Science, Lanzhou University, Lanzhou 730000, Gansu, China)

Abstract: Grasping the historical opportunity of "double first-class" construction, complying with the relevant national strategic layout, firmly establishing the concept of cultivating talents with morality and people-oriented concept, the undergraduate teaching in atmospheric sciences should combine with the characteristics of the discipline proposed to strengthen the construction of course-ideology. The university should also improve bilingual teaching, focus on the frontier direction of the discipline and interactive teaching, strengthen practical teaching, online courses preparing and other teaching development exploration. The aim is to cultivate talents with a sense of national justice, and both internal and external abilities; to cultivate high-level talents in atmospheric science who have global vision, concrete theoretical knowledge and excellent innovative spirit.

Keywords: teaching development; atmospheric science; establishing moral education; thinking and construction

1 前言

创新是引领发展的第一动力,是建设现代化经济体系的战略支撑。创新人才的培养对我国科技的发展非常重要,在实现国家经济转型,建设富强、民主、文明的现代化强国的过程中起决定性的作用。在实施创新驱动发展战略的今天,营造良好的教育环境,培养具备扎实的科学理论知识、创造性思维和突出实践能力的创新型人才,是高等教育最重要、最直接的目标[1-3]。要从整体上提升大学生的创新能力,课程改革即为重要

作者信息:雒佳丽,女,理学博士,副教授,从事本科及科研教学工作,主要研究方向为平流层—对流层相互作用。
E-mail:luojl@lzu.edu.cn
基金项目:国家自然科学基金项目(42075060)

的一环[4-7]。

大气科学是一门具有很强应用目标的公益性基础学科,其主要任务是认识大气运动和大气中各种物理、化学、生物过程的基本规律,以及上述过程与周围环境的相互作用,并发展出新的探测和实验手段,为天气、气候和环境的监测、预报和控制提供理论和方法,从而服务于国民经济和社会发展[8]。20世纪80年代以来,随着地球系统科学和各圈层相互作用概念的提出,大气科学研究进入了一个崭新的历史发展时期。大气科学的教育开始更加注重学生综合能力的培养[9],在以往基本理论教学为主的基础上,加大了实践教学的比重,以期通过实践教学巩固学生专业基本理论、加强理论联系实际、培养学生分析和解决问题的能力、提高学生的综合素质[10-11]。在新时代,面对"双一流"建设历史机遇,大气科学的教学也应该与时俱进,紧跟时代的浪潮,通过加大创新人才的培养,实现国家经济转型,为推进科技强国、人才强国的战略目标提供人才贮备。

2 加强思政建设,培养社会主义建设者和接班人

党的十九大报告明确指出,"立德树人"是教育的首要目标。习近平总书记在全国高校思想政治工作会议上强调要把思想政治工作贯穿教育教学全过程,开创我国高等教育事业发展的新局面。为了深入贯彻落实十九大精神和习总书记的讲话精神,教育部印发了《高等学校课程思政建设指导纲要》,国内各高校相继展开了专业类课程思政教学实践和指南研制工作,其已成为当前高校教育教学改革的重要任务。

在此背景下,兰州大学对深化"思政课程+课程思政"教育教学改革做出了总体部署,各教学单位积极展开了课程思政的教学探索和实践,开始建设课程思政案例库和编制相应的教学指南。在理科类专业课程中推进课程思政建设,就是要紧紧围绕马克思主义理论和社会主义核心价值观,深入挖掘、提炼专业课程和教学方式中蕴含的思想价值和精神内涵;在课程讲授过程中,注重对学生科学思维方法的训练和科学伦理的教育,让学生牢记坚持不懈、追求真理的科学精神,培养学生的责任感和使命感[12]。课程思政的最终目标是全面提高人才培养能力,塑造学生正确的世界观、人生观、价值观,为国家培养德智体美劳全面发展的社会主义建设者和接班人。

大气科学专业基础课程包含丰富的思政元素。在教学过程中,专职教师要深入梳理专业课程的思政教学内容,深度挖掘和提炼专业知识中蕴含的思想价值和精神内涵。在课堂讲授过程中,有意识地从制度认同、家国情怀、科学精神、文化自信、学术伦理、职业素养、生态文明和全球视野等8个维度开展理论传播,提高学生认识问题、分析问题和解决问题的能力,实现多重教学目标。通过大气科学类专业课程的思政建设和教学,培养具有家国情怀和使命担当、富有创新创业精神、德智体美劳全面发展的大气科学人才。

3 对标世界一流专业,加强双语教学

为了进一步加强兰州大学大气科学"双一流"专业的国际核心竞争力,提高学生的综合能力,在大气科学的本科教学中要加强双语教学的部分,促进专业课程的教学发展和教学质量的提升。

大气科学类专业课程的教学内容包括学生进一步学习深造和业务工作中需要具备的专业能力和素养。在专业课程的教学中,采用双语教学的方法,能有效提升学生的专业科技英语能力,有助于学生更好地以英语为语言工具获取专业知识信息以及进行专业学术交流。在大气科学本科教学中加强并不断提高双语教学的效果,也是提高大气科学本科专业人才培养质量的迫切需要和重要途径[13-17]。

3.1 精选、压缩、整合原版英文专业教材

以往大气科学类核心专业课程的双语教材主要选取一些英文原版教材,如《Atmospheric Physics》《An Introduction to Dynamic Meteorology》等。对学生而言,这些教材的某些章节内容较为简单但是篇幅过长,而另一些章节晦涩难懂却一笔带过。如果一味地按照原著进行教学,由于课堂时间有限,很难达到预期的教学效果,不但会加重学生的负担,也会导致部分学生产生厌学情绪。所以双语教学的教材需要经过凝练、精选、压缩和整合,能在有限的课堂时间内梳理出逻辑顺序并突出课程的重点内容。教学过程中可运用"532"

教学法,即将1节课的时间分为10份,将5份的时间用于讲解重点的科学问题和疑难问题,3份的时间用于介绍其他内容,2份用于扩展课程内容及课堂讨论。

3.2 挑选难度适宜的期刊论文

一般专业的学术期刊论文对于知识储备不足的本科生而言,阅读较为困难,理解也会相对肤浅,将学术论文应用在本科阶段的教学会增加学习难度。因此,在教学过程中应该挑选一些难度适宜、篇幅短、趣味性高、时效性强的论文,作为科普学习和兴趣学习的参考材料,为学生拓展思路。

3.3 注重平时考核和评价

高校开设双语教学的目的就是进一步提高教学质量,为国家培养优秀人才。开设双语教学的专业课程,能有效提高学生获取专业知识的能力,同时强化了科学技术交流的基本技能,从而为今后的专业发展奠定基础。但是有些课程的设置可能会忽视系统性与延续性等问题,注重了"教",而忽视了"学"。学生学会多少,掌握多少,精通多少,只能通过期中、期末的考核来进行判断,这样传统的教学考核模式在新时代下已经不能满足人才培养的需要。在日常的课堂上应加大考核比例,如课堂上学生的相互探讨、课下作业的完成度等。比如,遵循以创新为主、兴趣至上、不给学生添负担为原则,让学生们自由组合,以小组的形式完成与专业相关的小论文翻译工作,并利用课堂时间随机挑选个别小组进行讲解和讨论,以此作为平时考核和评价的依据。

4 面向世界,紧盯学科前沿方向

2018年8月,教育部等三部委印发《关于高等学校加快"双一流"建设的指导意见》的通知,明确了建设高校的主体地位,引导高校走内涵式发展道路[18]。2021年高校大气科学学科竞争力排名结果显示前10名分别为:科罗拉多大学、华盛顿大学、加州大学洛杉矶分校、科罗拉多州立大学、加州理工学院、普林斯顿大学、麻省理工学院、加州大学圣地亚哥分校(均为美国高校)、雷丁大学(英国)和南京信息工程大学(中国)[19]。可见,要想加大我国大气科学专业的世界影响力,发展大气科学的本科教学势在必行。

为了建设国内顶尖、世界一流的学科,要紧抓"双一流"建设的历史机遇,与时俱进,从本科教学中就要时刻盯住大气科学的研究前沿,把握住科学研究的脉搏,从而能主导一些前沿进展。在本科生的专业课程中可以设置线上讲座,邀请世界知名专家对新研究、新发现和新观点等进行讲解和分析;同时可以以讲座的形式开设学科发展类课程,为本科生开拓视野、指明方向;还可以邀请国内外本专业知名院校的教师开展系列讲座,让学生们近距离感受大家风范;此外可选拔一定比例的本科生,送至国内外知名高校进行交流学习。采用"请进来、走出去、长起来"的人才培养模式,为国家培养具有全球视野、科学精神和职业素养的大气科学人才。

5 以学生为本,进行互动教学

5.1 翻转教学,让学生站上讲台

"翻转课堂"又称"反转课堂""颠倒的课堂",是教师根据教学目标、教学内容及学情,制作成教学视频或教学任务,让学生在课外进行自学和练习内化、课堂上师生进行交流碰撞的一种教学形态[20]。这是一种基于信息技术变革的全新教学方式,与传统课堂的根本区别是:传统课堂课内学知识,课外内化训练;而翻转课堂课外学知识,课内交流讨论[21]。翻转教学先学后教,有利于学生自主学习能力的培养[22]。翻转教学能夯实专业的基础知识,能提高学生的专注力和语言表达艺术,也能培养学生的自主学习能力和综合创新素养能力。在教学过程中,老师可以判断出学生的学习深度和广度,对于学生理解不到位或者有偏差的地方能第一时间指正。"翻转课堂"还能积极引导学生参与并融入课堂,让学生从倾听者转变为参与者。

5.2 善于总结,温故知新

大气科学专业课程知识点多、逻辑性强,很多公式推导环环相扣、纷繁复杂。有部分学生反映上课时能完全理解,下课后却似是而非,再过段时间感觉无从下手。究其原因,主要还是部分学生不善总结,记忆不深

刻,理解不透彻,不能融会贯通所致。在专业课程的教学过程中,可以要求学生每月月底进行系统的总结,将近1个月的知识进行整理、归纳、反思,将疑难问题提出来并予以解决。"一日三省,温故知新"是将基础打得牢靠的重要方法之一。

5.3 多边互动,查漏补缺

在课程中,可以专门抽出时间,让同学们相互提问,从而将由教师和学生的单边互动,转变为师生间、学生间的多样化、多边互动的形式。老师可以通过学生之间的相互提问和相互解答,来判断学生对重点和难点知识的理解程度。习题课上,也可以通过让学生以接龙的形式推导公式来考查学生对细节的掌握。总之就是查漏补缺,找出问题并解决问题,夯实学生的理论基础。

5.4 主动能力培养,分组进行主题研讨

在专业课的日常教学中,学生们可以5～6人1组自由组合,选取与专业课程相关的主题(基本都是课程的延伸和课外相关知识的探索),分组自行收集整理相关的文献和资料,并撰写成综述小论文。在课程结束时,以小组为单位上交论文,其作为课程考核方式的一部分。这样不但可以激发学生学习的积极性,锻炼学生收集、整理文献资料的能力,培养学生的主动学习能力,还能培养学生的科学思维、逻辑思维能力,以及团队协作能力,为本科生的科研发展奠定坚实的基础。

6 加强实践教学,培养复合型人才

大气科学不仅是理论科学,更是一门实验科学,涉及的专业非常广泛,上至航空航天、气候变化、天气预报,下至地质、海洋勘测、万物生长,中间有大气污染、碳循环、碳中和,等等。由此可见,大气科学专业的实验教学是本科教学中一个非常重要的环节,通过基本的气象观测和上机学习,能够培养学生的创新思维和实践能力,加强学生利用计算机进行科学计算和数值模拟的基本技能,还能培养学生分析数据和独立思考的能力[23]。基于学科特点和培养复合型人才的行业需求,在目前的教学情况下,大气科学专业应加强实践教学、加大实习力度,大力发展交叉学科。组建一支由不同学科背景的教师组成的科研、理论、教学与实践教学相助的教学团队,建立实验平台,发展局校合作等,充分利用有效资源和科技条件,培养学生的综合能力。

7 准备线上教学,以备不时之需

受全球疫情的持续影响,建议老师们应积极地将专业课程制作成网课或者视频、音频课程,并进行线上共享,以备不时之需。线上课程的建设还方便学生预习和复习。线上课程的建设可以充分利用移动互联网技术和新媒体资源平台,如QQ、微信、微博、在线会议、短视频、b站等资源和平台辅助教学,这些创新的教学方法可激发学生的学习兴趣。线下线上相结合的模式,能加强学习氛围,有助于学生随时随地学习。

综上所述,以培养社会主义建设者和接班人为根本任务的教学发展是新时代的主要趋势。为国家培养具有制度认同、家国情怀、科学精神、文化自信、学术伦理、职业素养、生态文明和全球视野的高层次复合型人才符合国家发展的需求。大气科学本科教学发展也要与时俱进,通过加强课程思政建设培养学生的世界观、人生观和价值观;建立双语教学、紧盯国际前沿,提高教学质量,增强学生的国际竞争力;同时完善教学模式和增加实践课程,调动学生的积极性,让学生融入课堂之中,深化课程的理解,融会贯通,活学活用;最后还要积极准备线上教学内容以备不时之需。

参考文献

[1] 曾德军,柯黎.近十年拔尖创新人才培养问题研究综述[J].高等理科教育,2013,110(4):1-8.

[2] 何晋秋.论高等教育发展的新阶段[J].清华大学教育研究,2017,38(4):13-18.

[3] 冯霞.美国加州大学洛杉矶分校(UCLA)化学专业创新人才培养策略[J].化学教育,2019,40(2):83-88.

[4] 林忠烨,赵子红.论21世纪高等学校理科课程改革与发展趋势[J].高等理科教育,2009,85(3):6-8.
[5] 张丽丹,贾建光,马丽景,等.基于创新人才培养的工科物理化学教学改革与实践[J].中国大学教学,2012(6):42-44.
[6] 马莹,张恒,苑世领,等.化学专业拔尖学生科研创新能力培养体系的探索与实践[J].高等理科教育,2019,144(2):88-91.
[7] 范黎黎,康子曦,姜翠玉.基于创新人才培养的高校无机合成课程教学改革与探索[J].高等理科教育 2021,159(5):118-123.
[8] 王会军,徐永福,周天军,等.大气科学:一个充满活力的前沿科学[J].地球科学进展,2004(4):525-532.
[9] 杨德保,王式功,张武.大气科学复合型人才需求和培养措施[J].高等理科教育,2003(S2):126-129.
[10] 郑家茂,熊宏齐,王兴邦,等.实验教学新模式:开放·创新[M].北京:高等教育出版社,2009.
[11] 王静,朱彬,华兴夏,等.基于"做中学"理念的云降水物理学实践教学改革研究[J].实验技术与管理,2014,31(7):145-148.
[12] 施婷婷,杨孟,郝璐,等.对气象学专业英语互动式课堂教学模式的探讨[J].教育教学论坛,2015(9):153-154.
[13] 教育部.高等学校课程思政建设指导纲要[EB/OL].[2021-11-06].http://www.moe.gov.cn/srcsite/A08/s7056/202006/t20200603_462437.html.
[14] 管兆勇,吴立保.大气科学类专业课程体系的构建与改革[J].中国大学教学,2016(11):47-52,96.
[15] 范伶俐,张光亚,徐峰.大气科学专业课程体系优化探索[J].重庆科技学院学报(社会科学版),2008(9):199-200.
[16] 王澄海,杨毅.大气科学专业人才培养中的"三·三"式课堂与实践教学模式[J].高等理科教育,2011(6):148-151.
[17] 祝薇,郭丽青,黎伟标.一流大学背景下大气科学专业课程改革探研[J].高教探索,2015(1):87-89.
[18] 上海软科教育信息咨询有限公司.软科世界一流学科排名2021:大气科学[EB/OL].[2021-11-06].https://www.shanghairanking.cn/rankings/gras/2021/RS0108.
[19] 教育部.教育部 财政部 国家发展改革委印发《关于高等学校加快"双一流"建设的指导意见》的通知[EB/OL].[2019-04-19].http://www.moe.gov.cn/srcsite/A22/moe_843/201808/t20180823_345987.html.
[20] 许兴亮."翻转课堂"翻转了什么[J].当代教育科学,2014(16):34-35.
[21] 赵兴龙.翻转教学的先进性与局限性[J].中国教育学刊,2013(4):65-68.
[22] 张金磊,王颖,张宝辉.翻转课堂教学模式研究[J].远程教育杂志,2012(8):46-51.
[23] 王亦平.构建立体化、开放性、创新型的大气科学实验教学体系的探索与实践[J].教育教学论坛,2019(37):166-167.

基于机械类专业创新创业实验室学生培养模式研究

张瑞圆

(西安科技大学 机械工程学院,陕西 西安 710119)

摘 要:为响应国家号召,全国高校大力建设创新创业实验室。针对创新创业实验室新建后出现的组织混乱、培养模式多变、研究内容传承断代等问题,本文提出了传承式自学模式与项目、竞赛激励方式相结合的培养体系。在创新创业实验室承办各类项目、竞赛的过程中,提出了一系列办法,有效地解决了教师与学生沟通障碍和实验班学生培养混乱的问题,完成了在创新设计平台建设后,对学生自主学习能力和工程实践能力的培养模式的改良。为今后的大学生创新创业培养方式的进一步探索,提供了理论基础与实践经验。

关键词:创新创业实验室;机械类专业;组织体系;培养模式

中图分类号:G642.0

Study on the Student Training Mode of Innovation and Entrepreneurship Laboratory for Mechanical Major

Zhang Ruiyuan

(College of Mechanical Engineering, Xi'an University of Science and Technology, Xi'an 710119, Shaanxi, China)

Abstract: In response to the national call, many universities across the country are building innovation and entrepreneurship laboratories. To address the problems of organizational chaos, varying training models, and gaping of the research content after the establishment of the laboratory, this study proposes a training system which combines inherited self-study models with projects and competition incentives. In the process of undertaking various projects and competitions in the innovation and entrepreneurship laboratory, a series of methods have been proposed to effectively solve the problems for the communication barriers between teachers and students as well as the confusion of the training of experimental class students. The cultivation mode of students' independent learning ability and engineering practice ability is improved after the construction of innovative design platform. This study provides the theoretical basis and practical experience for the further exploration of innovation and entrepreneurship training methods for university students.

Keywords: innovation and entrepreneurship laboratory; mechanical major; organizational system; training mode

1 创新创业实验室现状

创新创业实验室是对机械工程类专业学生实验和实践能力培养的重要平台[1]。迄今为止,本校创新创业实验室现有成员328名,长期参与工程实践人员128余人,其中在职教工39人。当前,实验室为机械创新

作者信息:张瑞圆,男,硕士,工程师,在职博士,研究方向为生产管理与质量控制。E-mail:381737983@qq.com

大赛、全国机器人创意设计大赛、大学生创新创业项目、工业工程改善大赛等实践项目提供平台,并且承接学院部分教师的课题研究与科研项目。创新创业实验室作为学生参与工程实践的第一平台,承担着学生在课堂外创新实践能力培养的任务,其组织体系、培养模式和文化传承的改革创新具有极其重要的现实意义。

2 学生培养模式现存的问题

创新创业实验室作为专业课实验辅助的学习平台,承办并完成国内外的各类赛事,丰富了大学生课外活动[2]。当前的实践创新实践活动存在诸多问题,从实验室组织机制和培养模式考虑,可将创新创业实验室的主要问题归为2类。从老师的角度考虑,实验室一线教师的工作量太大,与学生之间存在交流空白,无法切实可行的指导学生进行创新实践;而从学生的角度考虑,实验室缺乏文化与知识的传承渠道,学生创新思维的启蒙流于形式。

2.1 实验室老师与学生的交流问题

创新创业实验室指导老师通常是负责实验课和专业课的一线教师,其主要担负学生日常学习中的专业实验课程的教学工作,管理实验室设备调度与维护,安排创新创业实验室学生的日常活动,并无时间参与实验室的组织管理。负责专业课的教学老师担负学生的日常课程和相关科研课题的工作任务,参与学院的组织工作,也缺乏与学生讨论交流的必要时间。在现实情况中,若坚持让教师参与创新创业实验室学生组织工作,极大地增加了一线教师的工作强度,导致出现各种次生问题并且难以达到预期成果。

2.2 实验室文化与知识的传承问题

学生进入实验室时,若没有合理有效的认知难以对实验室有正确认识。一年级学生大都通过部分高年级学生的行为模式来了解实验室,没有认识到正确的实验室纪律和文化,导致其对创新创业实验室的理解存在于"占用课余生活时间的第二课堂""获得省级获奖证书的快速通道"和"没有成就感和归属感的材料和设备仓库"等浅层认识。学生进入实验室后,实验室的负责老师面临着如何引导一年级学生的创新思维,如何组织二年级学生的实践学习,如何提高三年级学生的工程经验,如何深化四年级学生的毕业设计内容等基本问题。与此同时,更需要考虑学生更新换届快、学习周期短、设备使用与维护经验少、安全与组织纪律浅薄等突出问题。

因此,针对创新创业实验室文化与知识的传承问题,探索出一种基于创新创业实验室的学生传承式自学与项目、竞赛激励为一体的培养模式,对提高学生自主思考和自主学习能力,具有极其重要的作用。

3 解决方法

创新创业实验室实行传承式自学和项目、竞赛的激励方式2个模式:如图1所示,为传承式自学结构图,即以历届高年级学生为载体,将软硬件技术与比赛项目实践经验以学术交流的方式传承给低年级学生;如图2所示,为项目、竞赛的激励结构图,这是一种基于工程类的实践方式,主要面向经历创新思维引导和启蒙,具备了一定的工程能力,可以承担教师的部分课题任务以及符合项目竞赛基本要求的本科二、三年级学生。

3.1 传承式自学的实践研究

传承式自学由学习方式、学习内容和考核方案3方面组成,选取历届具有综合工程素养、项目竞赛经历和解决工程实践问题能力的实验室学生负责人,传授一年级学生基本技能,并且带领二年级学生进行项目竞赛实践。传承式自学方式考虑到学生更新换届快、学习周期短等问题,选择软件与硬件相结合的技术门类作为学习内容[3]。与传承式自学模式相对应的考核方式,是基于创新思维项目为主体要素进行的设计与制作实践活动。

3.1.1 传承式自学的内容与方式

大一学生进入大学生活之前,经历了12年的传统教学模式的学习,对以往的教学方式有一定的抗拒心理。并且实验室一线教师因为课题任务和专业实验课时安排等原因,没有充足的时间参与到学生教学与交流之中。因此,传承式自学必须由项目竞赛经历丰富、个人工程素养良好和创新思维突出的三年级学生负责。同时,一年级学生只开设了机械制图、高等数学、线性代数等基础性学科,其不适合工程类实践课程,教学内容应以工程开发所必需的软硬件为主,例如 solid-works 三维制图软件、C 语言、Keil 软件、51 单片机的硬件电路原理图、Lab-view 软件等容易上手的软硬件技术[4]。参与传承教学的三年级学生在教软硬件技术同时讲解传动副、自由度、四连杆机构、齿轮传动等生活中常见的典型专业课结构案例。实验室学生负责人对一年级学生有一定的"名人效应",以言传身教的方式向一年级学生渗透创新创业实验室文化和纪律[5]。一年级学生在潜移默化中学习成长,最终在一学年内完成工程开发基本知识的学习与核心技能储备。

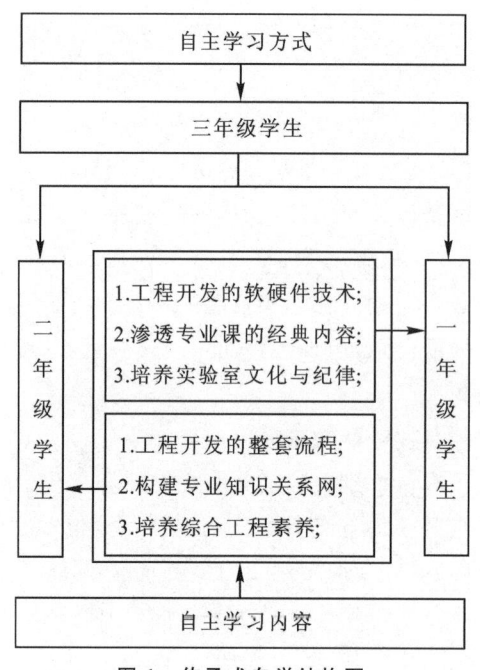

图 1 传承式自学结构图

Fig. 1 Structure diagram of inherited self-learning

二年级学生已经开设专业基础课,具备工程开发的基本知识和技能,此时需要巩固和实践专业知识内容,需要由实验室一线教师组织其参与到三年级学生的工程实践中去。工程实践有竞赛类实践与项目类实践 2 类。竞赛类实践以一年为周期学习工程开发的整套流程,而项目类实践以一学期为阶段性周期,让学生学习如何在大学二、三年级时理解自己所学的课程内容,构建自己的专业知识体系,最终形成自己的知识认知网。综合 2 类工程实践经历,形成基于学生个体创新思维的综合工程素养,学生在以后的学习工作中将终生受用。

3.1.2 传承式自学的考核机制

实验室的考核机制分为初级考核和进阶考核 2 部分,初级考核对象为一、二年级的学生,进阶考核对象为三、四年级的学生。三年级学生参与工程实践并担任核心成员,故其考核内容一般为项目所属老师或者该类赛事组委会负责。四年级学生投身于毕业设计的工作之中,其考核由指定教师团队负责。因此,对三、四年级学生的考核不在讨论之列,此处仅讨论低年级学生的考核机制。

鉴于一年级部分学生未从高中学习状态中转变过来,以高中的方式读大学。因此,加强一年级学生的考核是十分必要的。一年级学生的考核不宜以项目实践类为主,应将创新思维作为考核的切入点,由实验室学生负责人提出考核内容。例如在学习 solid-works 过程中组织一年级学生利用激光切割机制作一个四连杆机构,在学习 51 单片机的过程中制作一个蜂鸣器报警提示灯,等等。二年级学生的考核以简单的项目实践为主,主要是负责三年级学生的部分项目工作,由三年级学生下发项目内容,并检查二年级学生的完成情况。综合上述考核内容,其考核结果反馈于实验室学生负责人,由其整理归类并交付给实验室老师。

3.2 项目、竞赛的激励机制改革

该组织结构下,由学院成立教师辅导团队开设固定的办公地点与资料储藏室,教师提供技术支持与安全监督,办公室下面设立实验室学生班长。根据我国各类高校近况,将实验室的工程实践分为短周期的比赛实践类和长周期的项目实践类。此外,每个项目、竞赛设立负责工程资料收集工作的记录员,培养学生的项目研发素养。项目实践类主要为教师课题、国家自然科学基金等长周期、阶段性工程实践,比赛实践类主要为全国机械创新大赛、无碳小车比赛、全国机器人创意设计大赛、挑战杯、大学生创新创业项目等短周期完整性工程实践。

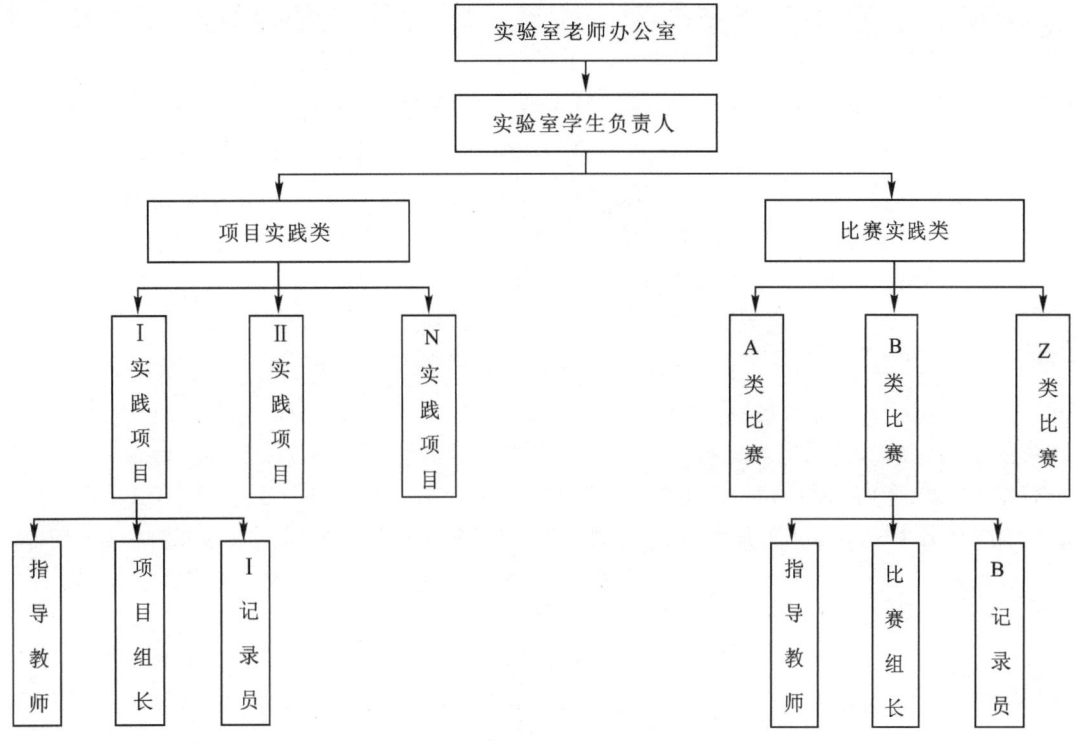

图 2 项目、竞赛激励结构图

Fig. 2 Incentive mechanism diagram for projects and competitions

2017、2018、2019 年度,以机械创新创业实验室启动全国机械创新大赛、全国机器人创意设计大赛、大学生创新创业项目为例,列为比赛实践类,依照规则可以将全国机械创新大赛设定为 B 类比赛,直接分配指定的指导老师负责,B 类比赛学生组长协助管理各大赛比赛小组的比赛进度,B 记录员整理相关图纸资料,直至本次赛事完毕[6]。若部分同学同时参与指导教师或其他项目负责教师的 I 类实践项目,那么将兼顾本 I 实践项目的所属教师工作、合并或协助 I 项目组长和 I 记录员的相关工作。最后,I 记录员和 B 记录员分别将 I 实践项目资料和 B 机械创新大赛比赛资料统一汇总、编排、整理,由该学生将记录资料配套相关工程模型一并送到实验室老师办公室存档,完成技术资料汇总与留存,以供历届学生参考学习,达到知识传承的目的。

综上所述,创新创业实验室作为高校实施素质教育、培养大学生创新精神与实践能力的重要基地,其应具备与时俱进、开拓创新的内在要求,不需要完全成熟的组织机制、培养体系和开放模式。工程实践类大都为学校教师的课题前沿和国内较为前沿的比赛,可以作为创新创业实验室校外信息交流的桥梁,成为当前实验室培养机制的可靠风向标。同时,满足了快速更新换届的学生对自主探索经历的需求,进一步激发学生的创造思维和主观能动性。

4 效果分析

创新创业实验室通过试行传承式自学模式与项目、竞赛激励方式相结合的组织体系,避免了责任无法落实到个人而导致的责任心、执行力、归属感等受到打击,极大地减轻了实验室一线指导教师的工作强度,拓宽

了学生在实验室的可操作空间,提高了学生的综合素质,解决了无竞赛时期实验室的管理问题。

创新创业实验室在第七届全国大学生机械创新大赛中组织并荣获国家二等奖 3 项、省级一等奖 5 项、省级二等奖 8 项、省级三等奖若干项。同时,本校荣获陕西省机械创新大赛先进组织单位。基于创新创业实验室学生传承式自学与项目、竞赛激励相结合的实践平台,合理整合了创新创业实验室的师资力量、设备和材料等资源,提高了学生的创新思维和主观能动性。最终使学生掌握工程类项目的开发技术和组织流程,为其以后的社会实践和研究工作奠定坚实的理论基础和实践经验。

5 结语

创新创业实验室是教师指导历届学生进行创新实践探索的交流平台,使学生能够认识自我、培养自我、成就自我。传承式自学方式能够有效地激发学生的主观能动性,并且让学生在实验室组织形式、培养模式和文化传承的自主探索过程中逐步提高综合素质。该方法不仅锻炼了学生的工程实践技能,更重要的是培养了学生的创新意识、思维模式以及科研素养的能力。这种创新思维和科研素养,对学生的毕业设计工作、工程项目的申请、深造进修的学习以及参与社会分工都有深远的影响。

参考文献

[1] 李南薇,白卫东,刘功良,等.高校实验室建设与管理新模式的探索[J].广东化工,2017(4):135-144.
[2] 蔚婧,李道江.面向创新创业教育的新型高校实验室教学模式研究[J].教育现代化,2017(9):20-21.
[3] 张德源.建设开放式单片机实验室的设想[J].实验科学与技术,2005(S1):197-198.
[4] 李训栓,冯娟娟,王心华.建设基于实训项目的开放式高性能单片机实验室的构想[J].高校实验室工作研究,2016(1):87-91.
[5] 陈宁.不同年龄广告名人效应的心理加工机制研究[J].心理科学,2003(1):32-35.
[6] 云忠,王艾伦,汤晓燕.基于创新大赛的机械工程拓展型人才培养模式的研究与实践[J].高等教育研究学报,2010(2):95-98.

数字电路实验教学改革

张翠翠,张鹏辉,符 均,王中方

(西安交通大学 电子与信息工程学院,陕西 西安 710049)

摘 要:为进一步适应当前数字电路工程人才的培养需求,本文探索和尝试了一套新的实验教学体系,从实验内容、教学方法、自制设备和评价体系4个方面做了探索。其设计分层递进,契合当前主流数字技术的实验内容体系,对每个实验内容结合翻转课堂、微课和传统教学的优势设计针对性的教学方法,如自制实验设备支撑线下实验教学的顺利开展,注重过程考核以充分调动学生的学习积极主动性。经过两年的教学实践证明,在新的教学体系下,学生反响良好,数字电路的设计能力得到很大提高。

关键词:数字电路;实验教学;自制设备;过程考核

中图分类号:G642.0;TN702

Teaching Reform on Digital Circuit Experiment

Zhang Cuicui, Zhang Penghui, Fu Jun, Wang Zhongfang

(School of Electronic and Information Engineering,
Xi'an Jiaotong University, Xi'an 710049, Shaanxi, China)

Abstract: In order to further adapt to the current training needs of digital circuit engineering talents, a new experimental teaching system has been explored and tried. Four aspects are explored, which are experiment content, teaching method, self-made equipment and evaluation system. A hierarchical and progressive experimental content system is designed, and the flipping classroom and micro-course are combined. The experimental equipment is designed to support the off-line experimental teaching. The process assessment is emphasized to fully mobilize the initiative of learning. Two years' teaching practice proved that this teaching system has achieved initial goals.

Keywords: digital circuit; experiment teaching; self-made equipment; process assessment

1 前言

由于数字电路系统可靠、功能实现容易、电路设计和维护灵活的特点,使得数字电路的应用领域越来越宽,已渗透到通信领域、测控系统、计算机、图像处理等行业。作为从事数字技术开发的工程人员的后备力量,对于数字技术是如何来的、是怎么实现的却没有概念。数电实验给学生等入门者体验数字电路应用提供了很好的机会。如何把入门应用与当今发展已经很成熟的数字技术结合起来,是需要我们进行深入研究和探索的。同时数电实验是电子信息类专业学生的必修基础实践课[1-3],是学生进入工程设计的一个基础实践环节,是微机原理、嵌入式系统、单片机、大规模集成电路的基础和支撑。如何为学生打好这坚实的数字电路设计基础,培养学生的工程实践能力,也是需要我们进行深入研究和探索的。

作者信息:张翠翠,女,硕士,工程师,主要从事 FPGA/MCU 电子系统设计方面的研究。E-mail:zhangcuicui@xjtu.edu.cn

基金项目:陕西高等教育教学改革研究项目重点项目(17ZZ001)1;西安交通大学本科实践教学改革研究专项项目(17ZX074)2

随着半导体技术与工艺的发展,数字电路逐渐向着高度复杂化、集成化及智能化发展[4],其运算速度也越来越高。同时,数字电路的设计工具的复杂度和集成度也越来越高;数字电路的设计方法也发生了很大的变革,硬件设计软件化[5],电路描述语言化[6],系统设计对IP(可重用电路模块)依赖性越来越高。在高校,数字电路的理论教学也已发生了变革,教学重心由偏重电路向偏重逻辑发展、由小规模数字电路向超大规模数字电路发展、由手工设计电路向硬件描述语言发展,同时更注重向业界主流工程技术看齐。随着中国制造向中国创造发展,社会对工程人才更高的素质要求是创造力。活力、创造力、创新意识如何被激发被挖掘是我们高校培养工程人才面临的关键问题。培养学生的工程能力,激发和挖掘学生的创造力和创新意识,是数电实验教学的最终目标。

2 数字电路实验教学改革的目标

2.1 强化基础、独立动手、自主实验

作为数字电路的基础实验,也作为入门实验,基本的动手能力是这门实验课培养的首要任务。通过亲自动手、简单设计,在面包板上搭建小规模电路,借助信号源和示波器完成电路的测试和验证,培养学生基础的动手能力,为进一步的能力培养打好基础。

2.2 引入业界先进设计工具、方法和手段,解决实际工程问题,在实战中培养能力

在基础实践教学中,使用业界先进的设计工具、方法和手段,引导学生从实验课堂上就开始关注技术前沿、跟上时代发展的步伐,培养学生的工程直觉;将实际中解决工程问题的思路和方法具体化到基础实践教学中,以实际工程问题来设计实验内容,以实际问题的解决过程来设计实验课堂,教会学生正确的工程方法,培养学生实实在在的工程实践能力。

2.3 自主选题设计、人性化考核,激发学生的活力和创造力

创造力人皆有之,只是大部分学生的创造力并没有被发掘完全。在数电实践教学中,只要有创意的想法都会被鼓励。该项目设计了一套灵活可组合的实验设备,学生大开脑洞的想法老师都会积极地配合学生来设计和实现,为学生提供器件和设备的保障;在实验内容中加入自主选题与自主开发设计的综合性和设计性实验内容,引导学生去发现和挖掘自己感兴趣的内容;考核中提高设计和创新的得分比重,同时注重过程考核,打消学生因为害怕做不出来而不敢设计的顾虑,放飞学生的创新性思维。通过这3重保障,激发、鼓励和开拓学生用于创新、创造的意识和魄力。

3 数字电路实验教学改革的措施

3.1 设计分层递进的实验内容体系,夯实基础工程知识、培养工程实践能力

从实验内容入手,设计一套重基础、靠近工程、富含活力的教学内容体系,希望能通过学生的亲自动手实现合理过渡——循序渐进地从基本动手能力到工程实践能力。

原实验内容见表1,设计后的新实验内容见表2。

表1 原实验内容

Tab.1 Content of the original experiment

实验项目名称	性质	学时
1.基本逻辑电路测试及设计	验证性	4
2.用CPLD实现组合逻辑电路	验证性	4
3.触发器原理及应用	验证性	4
4.计数器设计与应用	验证性	4
5.动态扫描显示电路设计	验证性	4
6.数字钟设计与实现	验证性	4

表 2 新实验内容
Tab. 2 Coutent of the new experiment

类别	实验项目名称	性质	学时
基础技能	1.仪器使用基础	验证性	2
	2.Quartus Ⅱ 软件使用基础 1	验证性	2
	3.Verilog HDL 语法基础	验证性	2
	4.Quartus Ⅱ 软件使用基础 2	验证性	2
组合逻辑电路	5."竞争与险象"电路分析与测量	验证性	2
	6.3-8 译码器电路设计与应用	验证性	2
	7.组合逻辑电路设计	设计性	2
时序逻辑电路	8.双稳态元件功能测试	验证性	2
	9.计数器设计与应用	验证性	2
	10.时序逻辑电路设计	设计性	2
系统设计	11.数字系统设计	综合性 设计性	4

3.1.1 对工程类知识进行细分和归类,注重基础能力的培养

将实验内容细分为基础技能、组合逻辑电路、时序逻辑电路和系统设计 4 个大部分。

在实际的教学过程中,发现大部分学生盲调测试类仪器(如示波器),没有仪器的原理概念,导致后续的电路验证非常困难,电路设计变得很盲目。究其原因,是因为现在的仪器跟传统的仪器相比较发生了很大的变化,仪器的功能越来越强大,原理却越来越复杂,仪器的使用不是仅靠学生自学就能掌握的。数字电路设计 EDA[6] 工具 Quartus Ⅱ 的电路设计和优化能力很强大但软件的使用较复杂。Verilog 硬件描述语言虽已介入数电理论课程教学中,但篇幅并不多。8 学时基础技能的学习(占总学时 1/3),通过设计简单的实验任务让学生熟悉仪器[7](特别是示波器)、Quartus Ⅱ,以及 Verilog 是非常必要的,为学生后续的实验内容打好基础,解决工具问题。

3.1.2 增补设计性综合性内容,提高学生的工程实践能力、激发学生的创造力

新实验的内容分别在组合逻辑电路、时序逻辑电路和系统设计部分增设了设计性和综合性的实验内容[8],总共 16 学时,占总学时数的 2/3,要求学生自主选题实现自主设计。为了给学生一定的引导,设计性的实验内容都给了学生 3 个可参考的题目,同时鼓励学生在可参考题目之外选择任何自己感兴趣的题目来实现。第 7 次为组合逻辑电路设计,给的参考题目是超前进位加法器、海明纠错码、码制转换。这 3 个设计题目在数电教材中均作为例题讲到过,且都在实际工程中使用频率很高。学生能在实验课中自己动手实现,会大大地缩短理论和工程的距离,也会增加学生学习的兴趣。第 9 次实验是时序逻辑电路设计,提供的设计题目:任意模值的计数器、扫描式数码管驱动、串并转换。最后 2 个实验合并在一起,用 4 个学时来实现一个综合系统,提供的 3 个可选的设计题目为串口通信、交通灯、数字钟。其中,数字钟和交通灯都是理论课堂上讲过的内容,通过具体的操作能让学生更体会到理论和实际工程的联系,同时掌握实际工程的实现过程中除了理论知识外的其他不可或缺的知识,如工程经验、工程方法等。串口通信则是理论课堂上没有讲过但是却十分接地气的一个内容,从整个通信系统的搭建到各种驱动程序的安装再到最后的 FPGA 串口通信核心程序的编写调试,都是非常锻炼学生的工程能力的。

通过设计这样一个循序渐进、从理论知识夯实到工程实际应用的实验内容,希望给学生提供一种全新的数电实验的学习感受。

3.2 结合翻转课堂和微课视频,设计针对性的教学方法,使教和学更有效

对于软件工具类的使用,采用翻转课堂[9-10]并结合微课视频[11]的方法。先将软件工具的使用说明制作成详细的文档发给学生预习,同时制作视频让学生课前观看,课堂上布置任务后学生先做,在做的过程中遇到问题及时和老师讨论[12-13]。数电实验课是小班上课,很适合翻转课堂的做法。

对于有理解难度的具体实验内容,则采用传统的先讲后做并结合微课的方法。如示波器的使用,要先讲解数字示波器的基本原理特别是触发的概念,并通过视频让学生反复观看帮助记忆[14]。学生在正确的理论指导下才会有章可循,才能更高效地学习。

对于设计性综合性的实验内容,先给予学生思路和方法的引导,在学生定好题目后和学生讨论方案可行性,最后由学生具体实现,验收时跟学生交流讨论。

3.3 自制便携式实验设备,促进线下实验教学,充分激发学生灵感

自制实验设备有很大的灵活性[14],对于实验内容和教学方法有更大的支撑空间。自制的实验设备(如图1所示)包含实验箱底板、基础主控板和提高主控板以及外设模块。各部分间可组合也可独立运行。

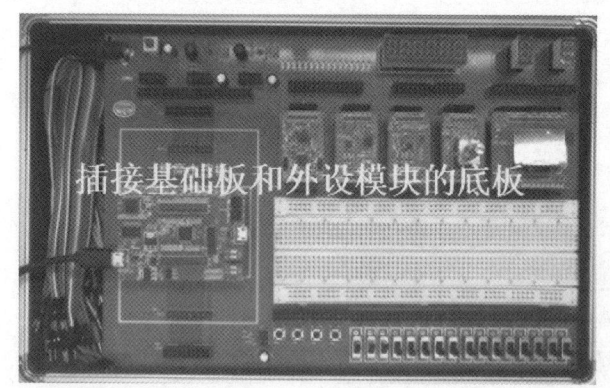 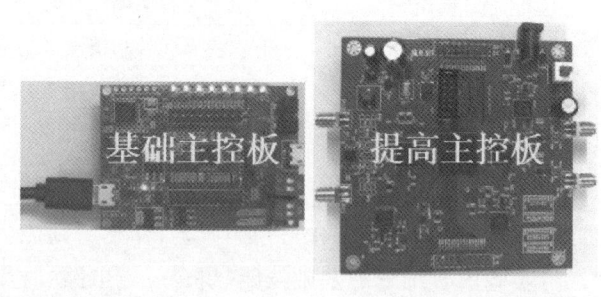

图1 自制数字电路实验箱

Fig. 1 Self-made digital circuit equipment

基础主控板轻巧(如银行卡般大小)且方便携带,可以让学生带出实验室进行自主开发设计,以Intel-Altera公司的MAX V CPLD系列芯片为主控芯片,同时配有MAX232可以实现和PC的串口通信。使用FT245RL和MAX V CPLD芯片,实现板上的USB BLASTER下载调试器,不需要额外的下载器,仅这块板子连接至PC就可以实现程序的下载和调试。

提高主控板做为基础主控板的补充,含有更多的设计资源,可以实现更复杂的电路,可以独立运行,以满足学有余力或者对数字电路兴趣浓厚的学生的需求。提高主控板选择的是INTEL-ALTERA公司当前主流的Cyclone IV FPGA系列芯片,同时配有ADI公司的主流高速ADC和DAC芯片,可实现宽带的模数信号处理。

实验箱底板含有面包板、按键、拨位开关等丰富的外设,同时留有插接口,可插接基础主控板或提高主控板以及各种外设模块,来完成更复杂的数模混合系统。

新的实验设备在支撑新实验内容开展的基础上还留有余量,为后面实验内容的进一步更新做好保障,同时为线上线下实验教学以及翻转课堂教学方式的开展提供设备支撑。

3.4 设计人性化的考核评价体系,保障课堂实施的有效性

如何设计实验课堂?如何要求学生、如何验收、如何写报告?如何评价才能保证尽量地公平客观,才能促进学生认真踏实地学习,不湮没学生的才华?在2年多的教学过程中,能深刻感受考核评价体系的重要性。一套不适合的评价体系会导致:学生在课堂上情绪紧张、做过实验后印象不深、缺乏实验兴趣甚至出现抄袭,这些都严重阻碍了工程人才培养目标的实现。而一套好的评价体系则能激发学生的兴趣、激发学生的创造力、引导学生的学习习惯和学习态度往好的方向发展。

3.4.1 实验验收采用过程考核

当实验难度变大,特别是增加了设计性、综合性实验内容后,就必须要想办法应对学生可能出现的抄袭现象——注重过程考核[15]、拒绝结果考核是当务之急。

过程考核从以下几个方面考量:完成程度、完成质量、原理理解、创新性、完成速度。如表3所示,权重体现了该项在整个考核中的重要性。该考核标准主要看重在原理理解的基础上完成的程度,同时减弱了完成速度的比重、加入了创新的得分。

表 3　过程考核标准
Tab. 3　Assessment standard of the process

项目	内容	权重
完成程度	可以对任务进行细分,根据完成的小任务数量打分	30%
原理理解	对每个任务的原理理解及整体结构理解	30%
完成质量	性能、速度、功能	20%
创新性	指实现的工具、方法、原理的创新	10%
完成速度	在规定时间内完成所有任务,此项才得分,根据学生完成的先后次序得分,先完成的10人得分10~1分	10%

3.4.2　实验报告考核标准

表 4　实验报告考核标准
Tab. 4　Assessment standard of experiment report

项目	内容	权重
实验任务	实验内容的项目名称及指标要求	10%
实验原理	完成实验任务的思路、原理、方案或方法(若该项错误,实现过程和结果验证不得分)	20%
实现过程	具体的实现过程和步骤:可能包含的子项有原理图、代码、流程图、结构框图等任何可以表现具体设计及实现的图表或文字(若与实验原理不匹配,该项不得分)	30%
结果验证	包含仿真图、验证结果等能证明你的设计达到了设计目标的支撑材料	20%
总结	实验过程中学到的知识、掌握的技术、遇到的问题及解决方法	10%
思考题	正确回答思考题	10%

实验报告的考核紧密贴合实验过程,具体如表4所示,要求学生在原理正确理解的基础上有正确的实现以及结果验证。

实验验收成绩和实验报告成绩加权得到最终的实验成绩。

希望通过这样的考核方式引导学生建立一个对实验课的正确认知,保障实验课堂的有效实施,向着培养学生实实在在工程能力的目标靠近。

4　结束语

数字电路实验教学改革自2016年开始,从实验内容体系、教学方法、自制设备以及评价体系都做了较大的尝试和探索。设计了分层递进的实验内容体系,根据不同实验内容辅以翻转课堂和微课等针对性的教学方法,自制契合的实验设备为新实验内容和新教学方法提供设备支撑,注重过程考核引导学生正确的实验课认知。从实施2年的效果来看,学生反响良好,课堂评教从之前的80分到现在的92分。学过该课程的学生参加学科类竞赛的比例也有明显提升。该项实验教学改革获批2017年西安交通大学本科实践教学专项项目。

参考文献

[1] 薛延侠."数字电路"实验教学的创新与研究[J].实验室研究与探索,2007,26(2):84-87.
[2] 李旭,张为公.基于科研项目的数字电路创新型实验教学改革[J].实验室研究与探索,2015,34(1):168-171.
[3] 王波,张岩,王美玲."数字电子技术实验"课程的改革[J].实验室研究与探索,2012,31(9):121-123.
[4] 韦思健,张弛,韩文龙,等.最新的SOPC技术与EDA实验教学[J].实验技术与管理,2006,23(1):113-115.
[5] 黄瑞,袁桂慈.电子技术实验教学改革与创新[J].实验技术与管理,2006,23(1):77-79.
[6] 任爱锋,孙万蓉,石光明.EDA实验与数字电路相结合的教学模式的实践[J].实验技术与管理,2009,26(4):200-202.
[7] 田东.数字电路课程设计的改革与探讨[J].实验技术与管理,2006,23(5):118-119.
[8] 王勇.数字逻辑电路实验系统设计与开发[J].实验室研究与探索,2008,27(12):42-44.
[9] 丁雪梅,张晓军,王鹏,等.翻转课堂教学模式在大学实验教学中的应用[J].实验室研究与探索,2015,34(6):207-212.
[10] 曾明星,周清平,蔡国民,等.软件开发类课程翻转课堂教学模式研究[J].实验室研究与探索,2014,33(2):203-209.
[11] 石景龙,张振国.微视频资源的翻转课堂在电子设计选修课的实践[J].实验室研究与探索,2016,35(11):221-223.
[12] 甘亮勤,杨上供,周承仙,等."微课"翻转课堂在大学物理实验教学中的应用[J].实验室研究与探索,2018,37(2):193-195.
[13] 方恺晴,张洪杰,刘峰.数字逻辑"做中学"实验教学模式的探讨[J].实验技术与管理,2009,26(10):107-110.
[14] 应安明,王桂玲,刘桂涛.自制实验仪器设备在教学中的使用[J].实验室研究与探索,2003,22(1):20-24.
[15] 李建军,李国安.实验过程考核的意义和途径[J].实验室研究与探索,2007,26(4):106-108.

成果导向教育的工程专业课程思政实践研究

赵月霞,李 静

(南京农业大学 信息管理学院,江苏 南京 210095)

摘 要：专业课程中蕴含丰富的思想政治教育元素,本文以成果导向理念为指导,以工业工程专业课程"生产系统建模与仿真"课程为例,进行混合教学模式下的课程思政教学实践研究。遵循成果导向教育理念进行了以实施课程思政后学生的学习产出为目标的教学设计,将思政评价隐性融入教学评价,提高学生运用思政理论解决专业问题的能力。采用线上线下混合式教学模式,充分调动课堂内外资源,实现育人育才相统一的人才培养总目标。

关键词：线上线下;混合教学模式;成果导向教育;课程思政

中图分类号：G641

Research on Integrating the Course Ideology Elements into Industrial Engineering Course in Outcome-based Education

Zhao Yuexia, Li Jing

(College of Information Management, Nanjing Agricultural University, Nanjing 210095, Jiangsu, China)

Abstract: The course ideology elements could be found everywhere in any major courses. This paper takes the concepts of outcome-based education as a guidance, production system modeling and simulation course of industrial engineering as an example, studying the hybrid teaching mode and integrating course ideology elements into general teaching. The integration teaching design focuses on the students' learning results and aims to enhance students' capability of solving subject problems with the inspirations from the course ideology theory. The online and offline teaching mode utilizes in-class and out-class resources to realize the goal of integrating moral education and talent education.

Keywords: online and offline teaching; hybrid teaching mode; outcome-based education; integration of course ideology elements

1 引言

课程思政建设是全面实现专业课程与思政课程同向同行,充分发挥协同效应的重要举措[1]。《高等学校课程思政建设指导纲要》(简称:《纲要》)[2]明确指出,专业课程是课程思政建设的基本载体。于歆杰[3]认为,当前开展高质量课程思政教育的大势已成,工作重点应该深入课程层面,将课程思政建设与混合式教学改革紧密结合可以起到课程思政教育和混合式教学改革互相促进的作用。

作者信息：赵月霞,女,硕士,讲师,主要从事生产与物流系统的建模和仿真研究。E-mail:47890244@qq.com

基金项目：南京农业大学生产系统建模仿真2019年院级教育教学改革项目(G2AC051010);南京农业大学数字化优质教学19年院级教育教学改革项目(G2ZJ051010);南京农业大学物流系统建模仿真2019校级在线开放课程(G2WY051010);南京农业大学生产系统建模与仿真课程思政建设研究(803006);南京农业学校级课程思政示范课程(KCSZ2021095)

"生产系统建模与仿真"是工业工程专业的必修专业课程,在国内本专业的人才培养方案中大多有类似课程的设置。同样地,此类课程也具有非常高的开设热度。该课程主要以生产系统为研究对象,运用离散事件系统仿真技术解决生产系统中存在的问题,是一门兼具综合性和实验性的学科。文献资料表明,目前鲜有在本课程中进行课程思政的研究成果公开发表。因此充分挖掘"生产系统建模与仿真"专业课程教学中的思政元素,开展引入课程思政的混合式教学改革,提高专业课程教育育人育德功能和工业工程人才培养质量成为课程建设所面临的重要问题。基于学习产出的教育(OBE:Outcome-Based Education)是美国学者Spady提出的,围绕学生在学习结束后能成功获得目标技能而系统设计的教育系统,强调以学生为中心并以成功获得的技能为导向,连贯地、系统地、创造性地设计教学大纲[4]。将OBE理念和方法运用于课程思政,在线上线下教学设计中引入德育培养目标,有望全面提升课程思政的成效。

2　OBE理念的课程思政教学设计

OBE的课程教学设计是产出导向的,强调教学目标先于教学内容存在并居于主导地位,课程资源开发、教学环节设置、教学组织实施等活动都需围绕预期目标展开。思政目标确定后,需分析起点,设计目标的达成方式,并对预期目标的评价进行分析。

2.1　课程思政目标的确定

根据《纲要》课程思政建设目标的要求,深入挖掘各类课程和教学方式中蕴含的思想政治教育资源,要抓住政治认同、家国情怀、文化素养、宪法法治意识、道德修养等5个重点。"生产系统建模与仿真"课程在确定课程目标时,依据课程内容,将目标进一步分解,细化为以下8点:家国情怀和使命担当,勇于探索的创新精神,善于解决问题的实践能力,辩证思维和辩证唯物主义,精益求精的大国工匠精神,高雅的审美情操,良好的社会公德、职业道德、个人品德以及团结互助的团队精神,正确的法律意识和法治素养。

2.2　学生思政现状分析

建构主义认为,学习不是简单地从外到内的单向输入信息,而是通过新信息与学生原有的知识经验双向的相互作用而实现的。习近平总书记在学校思想政治理论课教师座谈会上指出:"要完善课程体系,解决好各类课程和思政课互相配合的问题"[5],表明人才培养是一个系统工程,思政目标的达成不仅需要分析学生现有的思政基础,还需要分析其他相关课程的思政概况。综合建构主义理论和习近平总书记对思政工作的要求,得出专业课程中开展课程思政,在明确了教学目标后的首要任务,是对受教育者的思政教育情况展开调查研究。

高校思政课程的建设是大学生思想教育的显性课程,大多在大学低年级段开设。思想政治理论课是"立德树人根本任务的关键课程",对于专业课课程思政提供了理论保障,在育人工程中起到政治引领、思想引领、价值引领的重要作用。专业课程的开设大多在大学高年级段,在进行课程思政时,主要发挥专业资源、学术资源、学科资源对于德育教育的育人作用,采用的方式以隐性教育为主。进行思政教育教学设计时,要充分关注同一学年同一学期内,学生学习其他专业课程的思政教育,从而做到思政教育互为助力,提高育人成效。课程思政建设协同度的问题正是当前高校课程思政建设存在的突出问题之一,要从根本上解决这个问题,还需站在"三全育人"的高度从制度上引领专业课教师与思政课教师的深度互动,并对专业课程思政建设进行总体规划与设计。

2.3　课程思政教学活动总体设计

教学活动设计中,将课程思政目标、课程思政融入点及实施过程、目标评价进行一体化规划。教学活动虽然在教学实施时是有先后顺序的,但一体化规划强调每一个环节在设计时,充分考虑教学活动中的其他环节。表1整理了"生产系统建模与仿真"课程针对课程思政目标,以学习产出理念为导向,进行课程思政教学活动的设计过程。针对同一个思政目标,课程中往往会有多个对应知识点,表中仅抽取其中之一作为示例。

表 1 以学习产出为导向的课程思政教学活动设计
Tab. 1 Course design incorporating course ideology elements in outcome-based education

课程思政目标	目标对应知识点(示例)	课程思政融入点	教学实施过程	目标评价
家国情怀和使命担当	仿真以及仿真软件的发展历史	正确认识本学科中西方的发展差距,树立"为中华民族伟大复兴"以及"我辈当自强"的观念,激发学生科技报国的家国情怀和使命担当	线下课堂讲授为主,线上拓展阅读为辅	以作业形式进行知识点考查
勇于探索的创新精神	随机数发生器/随机变量发生器的发明和演变过程	科学家们求真务实的态度、尊重科学的精神与态度,推动着仿真学科飞速发展,为人类做着应有的贡献	线下课堂讲授为主	以作业形式进行知识点考查
精益求精的大国工匠精神	系统方案的比较	系统方案在比较时,强化工业工程持续改进的理念;反面案例警示背道而驰的后果	线下课堂讲授;线上辩论、讨论	以作业形式进行知识点考查
善于解决问题的实践能力	除认知实验外的课程所有实验环节	课程中的所有实验过程均围绕"提出问题、分析问题、解决问题"的基本思路展开,3组综合实验充分训练学生的实践能力	充分实施线上线下混合式教学,线上线下并重	实验报告;以点评方式进行描述性评价
辩证思维和辩证唯物主义	生产系统建模以及优化的方法	需要"发展地而不是静止地、全面地而不是片面地、系统地而不是零散地、普遍联系地而不是单一孤立地观察事物",在做出决策时,需要坚持"两点论",也需要坚持"重点论"	充分实施线上线下混合式教学,线上线下并重	实验报告;以点评方式进行描述性评价
高雅的审美情操	仿真模型的美化	仿真模型可视化设计中,展示美的模型,强化美育教育	线下课堂讲授为主	实验报告
良好的社会公德、职业道德、个人品德以及团结互助的团队精神	课程所有实验环节	数据解读和优化实验环节,鼓励学生融入多学科知识,综合考虑人、机、料、法、环5大因素,将社会公德和职业道德教育融入实验环节;实验报告的撰写中,强调明礼守法、诚信的个人品德	充分实施线上线下混合式教学,线上线下并重	实验报告;以点评方式进行描述性评价
正确的法律意识和法治素养	生产系统优化	生产系统优化时,确定目标不能仅仅考虑成本收益,应综合考虑社会、环境因素,具备良好的法律素养	以线上拓展阅读资料为主	实验报告;以点评方式进行描述性评价

根据最新版工业工程专业本科人才培养方案[6],毕业生授予工学学士学位。参照《纲要》中对于工学类课程的要求:"要在课程教学中把马克思主义立场观点方法的教育与科学精神的培养结合起来,提高学生正确认识问题、分析问题和解决问题的能力。要注重强化学生工程伦理教育,培养学生精益求精的大国工匠精神,激发学生科技报国的家国情怀和使命担当。"因此,"生产系统建模与仿真"作为一门工业工程专业的专业课程,在课程的理论部分对应的思政目标主要为家国情怀和使命担当、工匠精神、创新精神;另一方面,由于课程设置了一半学时(16学时)的实验,参照《纲要》对于实践类课程中的专业实践课程类别的要求,将思政

实际的综合训练,因此实验部分的课程目标进一步增加了辩证思维和辩证唯物主义、美育、社会公德、职业道德、个人品德以及团结互助的团队精神和法律意识等。

值得一提的是,以往的教学设计中更注重模型的功能与作用,然而,在仿真项目的实施过程中,模型的可读性、美观性往往是用户关注的内容之一。因此,在仿真实验中引入了美育教育。教育家蔡元培先生曾指出:"美育是最重要、最基础的人生观教育。"学生在模型美化的过程中,既学到了仿真操作层面的知识点,有益于其日后从事仿真项目的运作以及同行交流,对于美育观也会有专业层面的新理解。实验操作环节采用"同伴学习"的教学方法,将学生分为3~5人的小组。这种同伴互助的学习方式对于软件操作的学习具有很大的帮助,同时在实验部分的评价环节增加同伴讨论的分值,将"团队精神"植入教学设计。

在评价环节的设计中,理论部分采用的评价方式主要是以作业形式进行知识点考查,实验部分则以实验报告的形式进行反馈。实践表明,组织学生进行辩论、在实验报告中结合思政目标的点评,对于达成思政目标具有显著效果。

此外,为了在教学过程中尊重学生多元化的特点,课程设置了"拓展"环节,分层次教学,激发学生的学习自主性。在拓展环节大多采用线上的教学方式,拓展环节中同样关注了思政目标的达成,真正做到"全过程"育人。

2.4 课程思政效果分析

采用线上线下混合式教学模式进行的课程思政建设在教学中取得了理想的成效。学生对课程的兴趣相较于参加前期课程学习的同学有了明显增加,主要体现在有更多的学生愿意完成挑战作业,在课程讨论环节积极发言。学期末的综合成绩评定中高分段和平均分均较理想。

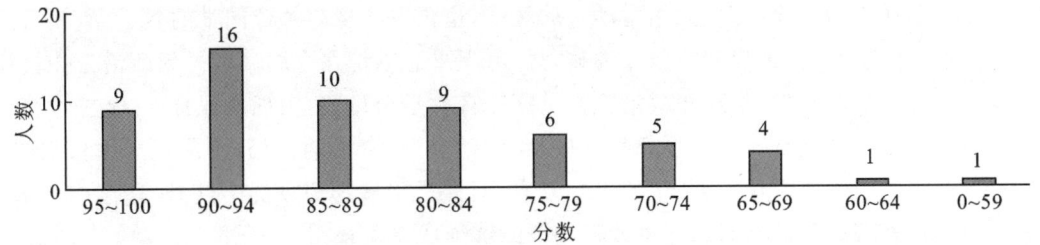

图1 工业工程181/2学期综合成绩分析直方图
Fig. 1 Grades of the 181/2 semester

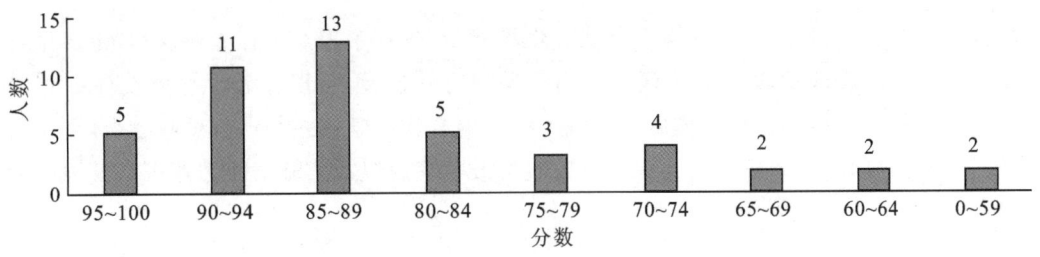

图2 工业工程183/4学期综合成绩分析直方图
Fig. 2 Grades of the 183/4 semester

教学班工业工程181/2均分为84.36分,教学班工业工程183/4均分为83.02分。再比较高分段,如图1所示,教学班工业工程181/2有35人成绩在85分以上,占比57.38%,峰值段在90~94;图2所示教学班工业工程183/4有29人成绩在85分以上,占比61.70%,峰值段在85~89分。2个教学班综合成绩均较为理想,这也从另一个层面说明了课程思政实践教学改革的有效性。

3 教学反思

以OBE理念为指导进行的课程思政教学设计,由于从设计之初就是面向教学目标的,只要课程思政教学目标设计合理,一切教学活动围绕目标展开,较传统的教学设计更能有效地提高课程思政的成效。线上线下混合式教学模式兼具线上和线下的优点,较单一的模式更能提高学生的学习兴趣,从而对课程思政形成助力。课程教学团队进行了教学改革和实践,认为在后期的教学设计中还应从以下3个方面持续改进。

3.1 加强学习和沟通,全面提升教学团队的思政教学能力

专业课课程思政对教师团队的综合素养有较高的要求。一方面,要正确分析学生的德育水平和德育环境,将学生的德育培养放在"三全"育人的格局下,才能有的放矢,有效挖掘课程中的思政元素。另一方面,既要有过硬的政治素养和树人意识、育人能力,又要有跨学科的复合思维、创新创造思维和辩证思维,才能避免在课程思政推进的过程中出现"两张皮"的现象,将德育培养隐性、有效地植入专业课程中。生硬地增加思政内容或将课程思政做出牵强感,容易让学生产生厌恶情绪,不但对德育教育无益,对原有的课堂教学也会产生负面影响,教师对此要有充分的认识。团队后期应该强化培训学习,定期开展思政教学交流,增强个人专业素养和业务能力。

3.2 进一步凝练课程思政目标,持续改善教学设计过程

本轮思政教学改革围绕课程思政的8个目标,重构了教学设计过程,取得了一些成效。"以学生为中心"的教育理念同时强调持续改进,在教学改革过程中,还要充分认识不足。如何增强课程思政的成效还需要进一步研究。目标越明确越集中越容易达成,越可能在思政深度上有突破。因此进一步凝练课程思政目标,与工业工程专业其他课程的思政目标做好协同,是下一步的工作重点之一。此外,在思政教学改革中发现,教学设计过程中的反馈环节对思政目标的达成具有显著影响,对评价反馈方式进行多样性和有效性的持续改革,是本课题后期的另一个工作重点。

3.3 用好课堂外的资源,做"有温度"的思政

课堂内,教师的工作重点是进行科学的教学设计,达成思政目标,采用的教学方法大多是课堂讲授、案例教学、实验等,由于学生人数众多,即便采用主动式的教学,也难以实现与每位同学的教学互动。课程思政改革实践表明,课堂外的"有温度"的思政成效更为显著。习近平总书记在全国高校思想政治工作会议上指出,要坚持把立德树人作为中心环节,把思想政治工作贯穿教育教学全过程,实现全程育人、全方位育人,努力开创我国高等教育事业发展新局面。这就要求教师应该具有"三全"育人的格局,不能把工作仅仅局限于课堂内,应努力开发学生"第二课堂""第三课堂"的思政元素,对课程思政形成助力。此外,适当引入家庭和社会的力量,积极组织各类实践活动[7],对课程思政建设也能够形成有益补充。

4 结论

本文以OBE理念为指导,在线上线下混合式教学模式下,进行了工业工程专业课程"生产系统建模与仿真"的课程思政教学改革实践探索。OBE理念应用于课程思政建设,可以在教学总体设计中对课程思政的学习产出进行聚焦,提高学生的德育培养质量。线上线下混合式教学模式与课程思政融合,可以实现知识学习和德育素养提升互为助力的目标。上述课程思政教学改革理念以及实施对于工业工程其他专业课具有良好的借鉴作用。

参考文献

[1] 齐鹏飞.全面实现思政课程与课程思政的同向同行[J].中国高等教育,2020(Z2):4-6.
[2] 中华人民共和国教育部.高等学校课程思政建设指导纲要[EB/OL].[2020-06-01].http://www.moe.gov.cn/srcsite/A08/s7056/202006/t20200603_462437.html.
[3] 于歆杰.合五为一连通课程思政建设的最后一公里[J].中国大学教学,2021(08):28-34,41.
[4] Mukhopadhyay S, Smith S. Outcome-based education: Principles and practice[J]. Journal of Obstetrics & Gynaecology, 2010, 30(8):790-794.
[5] 习近平主持召开学校思想政治理论课教师座谈会强调:用新时代中国特色社会主义思想铸魂育人 贯彻党的教育方针落实立德树人根本任务[N].人民日报,2019-3-19(1).
[6] 南京农业大学.工业工程专业培养方案[R].南京:南京农业大学信息管理学院.2019.
[7] 季素娇.高校思政教学的基本原则与实践研究——评《高校思想政治理论课程建设研究》[J].高教探索,2020(07):2.

"实验室安全学"课程线上线下混合式教学模式探索与实践

王丹琴,朱利安,余艺平,李宇杰,刘双科,王 珲

(国防科技大学 空天科学学院,湖南 长沙 410073)

摘 要:针对材料、化学类实验性学科的特点,结合"实验室安全学"课程的建设背景和建设内容,围绕以学生为中心的教学理念,对"实验室安全学"线上线下混合式教学方案进行了设计、探索和实践。以理论教学内容"危险化学品爆炸事故的发生及预防"和实践教学内容"心肺复苏"为例,从课前、课中和课后探讨了如何通过混合式教学设计实现网络平台、课堂教学平台和实践教学平台的有机结合。

关键词:实验室安全;课程建设;线上线下;混合式教学设计

中图分类号:G642.0

Exploration and Practice of Online and Offline Hybrid Teaching Mode of Laboratory Safety Course

Wang Danqin, Zhu Li'an, Yu Yiping, Li Yujie, Liu Shuangke, Wang Hui

(College of Aerospace Science and Engineering, National University of Defense Technology, Changsha 410073, Hunan, China)

Abstract: Aiming at the characteristics of experimental subjects of materials science and chemistry, some design, exploration and practice in the online and offline hybrid teaching mode of "laboratory safety" were made by combining the construction background and content of "laboratory safety" course and focusing on the student-centered teaching concept. Taking the theoretical teaching content of "occurrence and prevention of explosion accidents of dangerous chemicals" and the practical teaching content of "cardiopulmonary resuscitation" as examples, this paper discusses how to realize the combination of network platform, classroom teaching platform and practical teaching platform through the mixed instructional design from the pre-class, in-class and after-class.

Keywords: laboratory safety; course construction; online and offline; mixed instructional design

1 "实验室安全学"课程建设的重要意义

"材料科学与工程"是一门实验性很强的学科,实验室是教师开展材料学科教学和学生进行科研工作最主要的场所,有效保证实验室安全是高校教学科研工作的重中之重。高校实验室安全内容涉及广泛,不仅存在各种涉及水、电、气、高温、高压、低温、真空、强磁、辐射等危险因素的仪器设备,而且材料及化学专业经常需使用各种化学试剂、各类气体,有些试剂具有易燃易爆及有毒特性。因此,实验室安全不仅是高等学校实

作者信息:王丹琴,女,博士,讲师,研究方向为能源材料。E-mail:wdanqin@163.com

验室建设与管理的组成部分,也是校园安全教育与文化培养的重要部分。综上所述,在进入实验室之前,树立安全理念,提高安全意识,掌握安全知识和技能是材料和化学类研究生必须具备的科学素养,是开展一切科研活动的基础[1-3]。

为进一步加强对我校材料学科研究生安全培训,培养学生良好的实验习惯。我校在新的材料学科研究生培养方案中专门为研究生新开设一门18学时、1个学分的"实验室安全学"课程,目的是通过课程学习,有效地提高研究生安全意识、提升研究生的安全素质和能力,有效避免实验室安全事故的发生。

2 "实验室安全学"课程体系及教学理念与方法

2.1 课程基本内容

如表1所示,"实验室安全学"课程共分为2个篇章,即理论知识部分和实践部分。理论篇包括绪论、燃烧与爆炸基础、电气安全及防护、危险化学品的安全与防护和机械安全;实践篇包括灭火与逃生以及心肺复苏2章内容。

通过理论教学与实践教学相结合,能够提高学生利用基本理论知识解决实际问题的能力,增强学生动手能力;培养应急反应和处理能力,使学生能够做到面临安全事故时,沉着冷静,正确判断,采取积极有效的应急措施;培养学生养成良好的安全操作实验习惯[4-5]。

表1 课程内容整体设计

Tab. 1 Overall design of the course content

篇章	内容	学时
理论篇	第一章 绪论	1
	第二章 燃烧与爆炸基础	3
	第三章 电气安全及防护	2
	第四章 危险化学品的安全与防护	5
	第五章 机械安全	3
实践篇	第六章 灭火与逃生	2
	第七章 心肺复苏	2

2.2 课程主要教学理念

由于课程涉及的概念较多,知识点繁杂,因此要理清知识体系,针对课程内容进行系统梳理和深度挖掘,且与材料科学与工程专业知识相结合。比如在学习危险化学品时,需要从基本原理出发讲授燃烧与爆炸的理论基础,加深学生对基本概念和基本知识的理解。在此基础上学习危险化学品引发的各类燃烧和爆炸事故,针对不同特点的化学品,能够采取不同的灭火和应急处置方式。

在讲授过程中重点体现"知识的融合性""手段的多维性"和"目标的多层级性",有效地提升学生安全意识和利用理论知识解决实际安全问题的能力。

2.3 课程采取的主要教学方法

围绕材料类实验室常见的危险源,结合丰富的事故案例,将启发式、互动式、案例式、实践式等方法应用于教学,此外重点引入"线上线下混合式"教学方法,充分激发学生的学习兴趣和热情,实现知识与技能一体化教学。以"在线资源+课堂教学+实践项目"为手段,充分利用虚拟仿真实验项目、学生所在实验室以及开展的实验等线上线下资源,构建了"三结合"的教学方法,充分激发学生的学习热情[6]。

2.3.1 理论知识和真实案例相结合

为解决课程概念多、学科涉及范围广的问题,采用案例牵引的方法引入新知识,使理论分析与实际应用相结合。例如在引入危险化学品这个概念时,以天津滨海新区爆炸事故为牵引[7],通过分析事故发生的原因和处理过程,介绍什么是危险化学品;通过进一步分析爆炸的严重程度,分析危险化学品的种类及危害,并进一步探讨安全事故的应急处理策略。实现了将化学知识、燃烧与爆炸理论知识以及消防知识等融合在一起进行学习。

2.3.2 多媒体教学和实物教学相结合

课堂上采用大量的图片和动画等多媒体手段展示燃烧与爆炸的原理及过程等,同时将防护面罩、护目镜、各类手套以及防毒面具等实物带入课堂由老师实际操作演示,加深学生对危害进行防护的印象,有利于培养良好的实验习惯。

2.3.3 虚拟仿真平台和实践项目相结合

借助于学校购买的虚拟仿真实验软件,学生可以通过虚拟实验来查找安全隐患,同时在平台上体验对实验室燃烧与爆炸等安全事故的应急处置,提高实践能力。

课程设置了灭火与逃生、心肺复苏线下实践项目,前者主要是针对当实验室由于物理或化学的原因而引起火灾时,如何正确使用灭火器材进行逃生;后者是针对实验室触电、危险化学品中毒以及机械安全事故等引起的呼吸和心脏骤停所采用的救命术(图1)。学生需分组完成课下练习及实践考核等,充分锻炼了学生的动手实践能力,激发了学生对安全类课程的热爱。

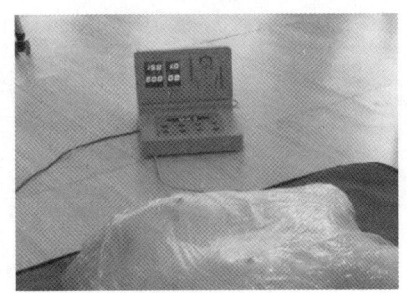

图1 与虚拟仿真实验呼应的实践操作

Fig. 1 Practical operation corresponding to the virtual simulation experiment

3 "实验室安全学"课程线上线下混合式教学设计与实践

随着信息化技术的兴起和应用,互联网+教育因其信息资源丰富、内容形式多样化等优势吸引了教学工作者的广泛关注[8]。然而单纯线上教学目前存在以下问题:①教师缺乏对学生的有效监督,学生自制力不足,容易被网络资源吸引,难以集中注意力;②由于缺乏朋辈学习,学生学习过程较为孤独,学习体验差、效率不高;③在线学习平台种类繁多,来回切换花费精力较大。而混合式教学可以结合线上和线下教学的优势,既可以借助网络平台,充分利用线上优质的学习资源,又可以通过课堂平台充分参与到课堂中,实现与老师、同学面对面的交流与互动,最终实现教学的智能化、个性化和精准化[9]。

3.1 "实验室安全学"线上线下混合式教学基本方案

"实验室安全学"混合式教学设计的目的是将线上网络平台、课堂教学平台和实践教学平台有机地结合起来(图2)[10-11]。线上学习平台包括视频资料、测试题库等资源模块以及虚拟仿真平台等实训模块。

资源模块由知识点小视频以及安全理论测试题库共同构成。资源模块细分为化学实验室基本安全操作、人身防护、应急处理、消防安全、试剂安全、用电安全、压力容器安全、辐射安全、法律法

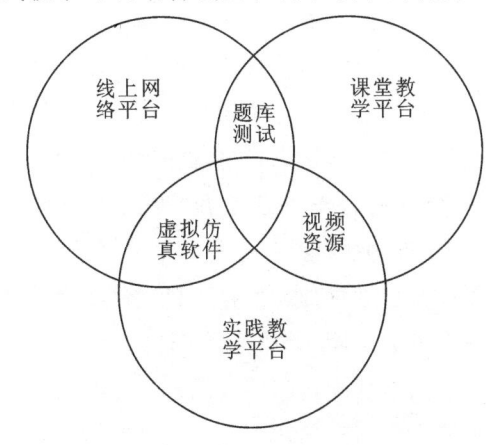

图2 混合式教学设计方案

Fig. 2 Course design of the mixed teaching mode

规规章制度8大板块,每个板块包含若干视频资源、相关知识点延伸介绍以及事故连接等。知识点丰富翔实,表现形式生动有趣,易于接受。大部分枯燥繁琐的知识点采用小视频交互动画的形式展现,视频后紧跟相关测试题,强化观看效果,提升知识转化的内驱力。

实训模块主要是安全虚拟仿真软件,包括个人防护、实验室整体认知、实验室隐患排查、实验室基本操作以及实验室应急应变5大方向,通过虚拟仿真软件的教学和操作练习,使学生了解、感知和深刻掌握一般化学实验室必要的安全知识和处理常见的化学实验相关安全事故的技能,训练学生分析问题和解决问题的能力,重点培养学生对化学实验的主动安全意识和应急处理技能。

3.2 理论知识部分"线上线下混合式教学"设计与实践

对于理论知识的学习,课程的教学过程采用"问题导向式"教学模式,分为课前、课中和课后3个阶段。课前通过雨课堂发布问题,学生通过线上资源平台查找和观看相关知识内容的视频资料,对问题有了初步的认识和了解;课中通过课堂讲解、分组讨论、案例分析等教学手段与方法加深了对知识点的深度理解,引导同学们找出问题的本质原因;课后通过线上网络平台的题库,进行随机练习和测试,达到实时检测学习效果的目的(图2)。下文以理论教学内容"危险化学品爆炸事故的发生及预防"为例,阐述理论部分课程如何实现混合式教学。

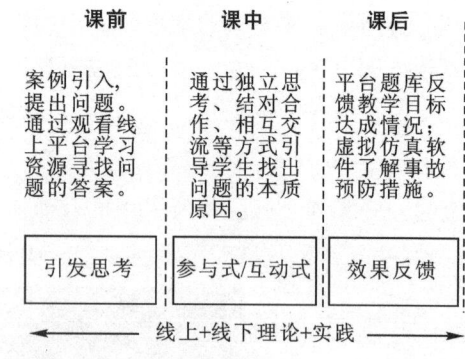

图3 理论课程混合式教学设计

Fig.3 Mixed course design of the theoretical courses

3.2.1 课前

课前通过雨课堂发布2个事故案例:①2006年1月21日,某单位发生多氮化合物爆炸事故,实验人员将多次合成所得的产物(多氮化合物)装瓶保存,在装瓶过程中有1小块产物粘在瓶口,当事人用不锈钢匙拨下粘在瓶口的产物时,多氮化合物发生爆炸,将当事人1只眼睛的角膜、脸、腹部和手割伤,耳膜受到巨大的爆炸声被震伤[12]。②2018年12月26日,某大学在进行垃圾渗滤液硝化载体的制备实验时,反应过程产生氢气,火花引发氢气爆炸,造成2名博士生和1名硕士生死亡[13]。

通过上述2个案例引发同学们思考:究竟什么样的危险化学品容易引发爆炸?它们为什么容易发生爆炸?我们在实验室中应该如何做才能预防爆炸事故的发生?

为了找到上述问题的答案,要求同学们通过虚拟仿真平台资源中相关的视频资源、相关知识点延伸介绍以及事故连接等对危化品爆炸有初步的了解。

3.2.2 课中

由课前的案例出发,引导学生找出8大类危险化学品中容易发生爆炸的危化品的种类,即第一大类爆炸品和第二大类压缩气体和液化气体。继而学习爆炸品以及压缩气体和液化气体的定义。

在回答了第一个问题之后,引导学生思考这些物质为什么容易发生爆炸?给出一张具有化学品名称和结构式的化学试剂表格,提问哪些化学品属于爆炸品?采用BOPPPS教学模型中的think-pair-share(独立思考、结对合作、相互交流)方式进行学习[14],即学生首先进行独立思考,然后按照座位相邻两两分组进行讨论,由老师挑选某些组的同学分享其讨论结果。通过这种方式加强老师与学生、学生与学生之间的互动。将学生找出的爆炸品列在一起,引导学生挖掘出其容易发生爆炸的根本原因,即这些物质的结构中都含有一类特定的原子团(爆炸性原子团)。

为了体现这门课程作为研究生课程所应该具备的高阶性,在理论深度上应该进一步挖掘,结合同学们本科阶段学习过的物理化学、无机化学等知识,引导同学们分析爆炸性原子团的特征。以叠氮化钠为例,从键能和反应热的角度具体分析其敏感易爆的原因,通过感度等概念,学习如何定量评价和分析爆炸品的爆炸难易程度,使同学们从根本上理解爆炸品敏感易爆性与其结构之间的相互关系。

3.2.3 课后

将爆炸设计为实践环节实施难度大,危险性高,因此采用虚拟仿真平台实现实验场景和爆炸事故高度仿真,学生体验感和交互感强,通过雨课堂发布课后作业,要求学生进入虚拟仿真平台操作应急应变软件,感受爆炸事故的威力,加强对实验室中易发生爆炸的危险化学品的风险识别,提高学生安全存放和使用易爆炸危化品的能力,实现预防爆炸事故发生的目的。

最后学生可以从虚拟仿真平台资源模块中的安全理论测试题库中寻找相关知识点的测试题进行学习效果的检验,加深对理论知识的理解。

3.3 实践知识部分"线上线下混合式教学"设计与实践

对于实践部分的学习,同样分为课前、课中和课后3个阶段(图4),课前通过雨课堂发布实践内容,学生通过线上资源平台观看视频或通过虚拟仿真平台进行操作体验,对实践环节有了一定的认识;课堂上通过老师的实际操作,掌握操作要领和规范;课后通过大量的实践练习,熟练操作步骤,强化学习效果。下文以实践教学内容"心肺复苏"为例,阐述实践环节混合式教学的开展过程。

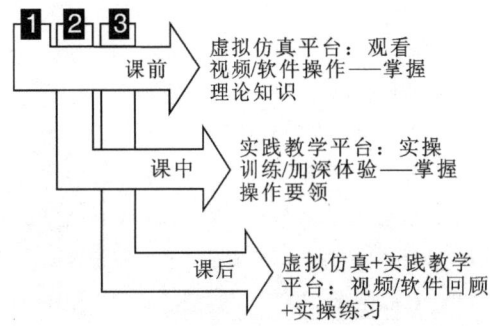

图4 实践课程混合式教学设计

Fig. 4 Mixed course design of the practical course

3.3.1 课前

通过线上资源平台观看心肺复苏的理论讲解视频,掌握心肺复苏术的适用对象、心肺复苏开始时间与成功率的关系等理论知识,通过视频了解体外除颤仪的原理和操作步骤,了解心肺复苏术的操作步骤流程。同时通过虚拟仿真平台进行初步的操作体验。

3.3.2 课中

首先由授课老师演示急救流程,通过人体模型实施心肺复苏操作,同时讲解分解步骤的注意事项和操作要领,演示自动体外除颤仪的操作过程。学生分组后分别进行练习,由指导老师和同组的同学监督其动作和流程的规范性,经过课堂上的互相学习,掌握急救流程和心肺复苏操作要领。

与线上学习系统体验不同的是,通过实践环节的动手操作和体验,能够引起学生的注意力,激发学生的学习兴趣,增强同学互帮互助的学习氛围,提高学习的积极性。

3.3.3 课后

该实践环节最终考核过程是在带有自动控制仪的人体模型上实施,即由机器自动判断胸外按压的位置、深度等是否标准,只有当操作步骤的正确率超过90%时,人体模型才会恢复心跳,证明抢救成功。而通过课前对理论知识的了解和课堂实践环节的练习,学生们基本上掌握了心肺复苏的知识理论和操作技能,但是动作的规范性和正确率还需要进一步加强,为此,同学们课后还需要开展大量的、反复的练习,保证操作步骤的规范性。

4 结语

与单纯的线上教学或线下教学相比,混合式教学模式能够取二者之长,既利用了丰富的优质网络资源,又提供了切实的课堂体验。对于实践环节,通过虚拟平台对实验场景和实验室中的常见事故高度仿真,增加学习安全知识的兴趣,拓展了实验安全知识实践教学的广度和深度,又能通过现场实际操作,提高学生事故防范和处理技能,达到巩固学生基础理论知识,增加保障实验安全进行的能力。本文以理论教学内容"危险化学品爆炸事故的发生及预防"和实践教学内容"心肺复苏"为例,阐述了如何利用混合式教学设计将线上网络平台、课堂教学平台和实践教学平台有机地结合起来。我们期待通过持续不断的改进和完善,能够更好地激发学生的学习热情,有效地提升学生的学习效果,显著提高学生利用理论知识解决实际安全问题的能力。

参考文献

[1] 马丽云,何兰英,殷宏斌.高校研究生实验室安全课程的探索与实践[J].实验技术与管理,2012,29(10):179-181.

[2] 李恩敬,黄士堂.高等学校实验室用电安全管理[J].实验室科学,2016,19(5):205-208.

[3] 张琳,郭英姿,许栋明,等.实验室安全准入制度的实践与探索[J].实验技术与管理,2016,33(5):227-229.

[4] 刘浴辉,黄绪桥.高校化学实验安全培训的深化及思考[J].实验室研究与探索,2020,39(3):279-281.

[5] 曾秀琼,强根荣,陈时忠,等.国外高校化学实验课程的安全要求及启示[J].实验室研究与探索,2015,34(12):137-139.

[6] 李冰洋,黄开胜.高校实验室安全教育要素与体系构建探究[J].实验技术与管理,2019,36(11):248-253.

[7] 中国政府网.天津港"8·12"瑞海公司危险品仓库特别重大火灾爆炸事故调查报告[EB/OL].[2016-02-05].http://www.gov.cn/foot/2016-02/05/content_5039788.htm.

[8] 王帅国.雨课堂:移动互联网与大数据背景下的智慧教学工具[J].现代教育技术,2017,27(5):26-32.

[9] 陈运超.论在线教学对学校教育的再造[J].重庆高教研究,2020,8(4):120-128.

[10] 何兰英,马丽云,王亚平."实验室安全学"课程在线教育的设计与探索[J].实验技术与管理,2017,34(2):151-153.

[11] 刘艳,陈卓,张庆芳,等.混合式教学模式探究[J].高教学刊,2020(20):117-120.

[12] 中实仪信网.实验室中应注意些什么,避免造成伤害?[EB/OL].[2019-02-25].https://www.lab216.com/news/show-1054.html.

[13] 北京交大"12.26"爆炸事故调查——镁粉+磷酸+火花!违规作业酿惨剧![EB/OL].[2019-02-18].

[14] Johnson J B.Instructional skills workshop (ISW) handbook for participants[R].Vancouver:ISW international advisory committee,2006.

数字电路和 EDA 实验箱的研制及数字电路实验教学改革

徐少莹,周佳社

(西安电子科技大学 电工电子实验中心,陕西 西安 710071)

摘 要:本文介绍新型数字电路和 EDA 实验箱的研制,将传统数字电路实验和 FPGA 下载实验集合到一个实验箱上,使数字电路实验教学、理论教学、数字电路新技术很好地结合到一起,促进了数字电路的实验教学改革。

关键词:数字电路实验;实验箱;FPGA 下载;实验教学改革

中图分类号:G642.0

The Development of Experiment Box of the Digital Circuit and EDA and the Reform of Digital Circuit Experiment Teaching

Xu Shaoying, Zhou Jiashe

(Experimental Center of Electrical and Electronic, Xidian University. ,Xi'an 710071, Shaanxi, China)

Abstract: The development of a novel experiment box of the digital circuit and EDA is introduced in this paper. For putting the traditional digital circuit experiment and FPGA download experiment on one experiment box, the experimental teaching of digital circuit is well combined with theoretical teaching and the development of new technology of digital circuit, which promotes the reform of digital circuit experiment teaching.

Keywords: digital circuit experiment; experiment box; FPGA download; experimental teaching reform

1 引言

电子线路实验室长期以来所使用的数字电路实验箱是在 2011 年由实验室老师自发研制的[1]。由于使用年限过长,元器件插座和元器件接触不良,致使实验故障率太高,影响实验进度,浪费实验时间,而且此类故障不容易查出。特别是综合性实验,线路比较复杂,出现的问题就更多。对于实验箱上需要更换的元器件,有的已经很难在市场上购买到。再者,有的器件没有设计在实验箱上,以致使用时要来回更换器件,既不方便,也使器件插座插拔次数过于频繁而导致接触不良,使实验的故障率增加。对于控制部分的一些器件,以前采用的是贴片式的,由于实验箱使用频率过高,很容易损坏,更换很不方便。

随着现代电子技术日新月异,特别是数字电子技术的发展,现有实验箱已不能满足实验要求。在新的实验教材《现代电子线路和技术实验简明教程》第二版中,已经增加了可编程逻辑器件部分[2]。利用可编程逻

作者信息:徐少莹,女,硕士,高级工程师,主要研究方向为电路与系统,从事模拟电路和数字电路及 EDA 理论与实验教学。
E-mail:shyxu@mail.xidian.edu.cn
基金项目:2021 年新实验开发与新实验设备研制教改校级重点攻关项目:数字电路实验箱的开发与制作(YQ21001K)

辑器件,可以简化一些复杂的数字电路实验。现在的数字电路已经发展到普遍使用可编程器件的程度,数字电路实验箱引入 FPGA 编程下载部分,使学生走上工作岗位,就能利用所学知识完成现有工作,可称得上是和就业接轨。因此,新的实验箱对已有的 FPGA 新技术部分做了提升修改。

在此背景下,新的实验箱的研制势在必行。

2 数字电路和 EDA 实验箱的研制

在数字电路实验箱的研制过程中,走过很多弯路。因为要把传统实验和 EDA 实验放在一个实验板上,接插件是一个需要解决的问题。开始考虑的是都用插针式的,可以用排线或单个插针。但传统实验的电路是千变万化的,不是固定的线路。而插针不能叠插,致使一个很简单的电路也很难实现。后来实验箱的传统部分改为原来的自锁紧的螺钉孔接插件[3],EDA 采用插排或插针实现。而且螺钉孔和插排之间有转换电路,可以很方便地实现 2 者之间的转换,借此也可以节省实验所用导线的种类。

图 1　数字电路实验箱　　　　　　　　图 2　实验箱的 EDA 下载板

Fig. 1　Digital circuit test box　　　　Fig. 2　EDA download plate of the experimental box

如图 1 所示为数字电路实验箱。在电路的控制部分,设计了电源部分,用 220 V 的交流电产生 5V 和 ±12 V 的直流电压,可以减少因外接电源使用不当而损坏器件的概率。在实验箱上很大一部分区域是芯片插座,共有 10 个 14 脚的插座、11 个 16 脚的插座。传统实验中常用芯片已标出了器件型号,包括门电路、加法器、编码器、译码器、数据选择器、触发器、计数器和移位寄存器。除此之外,还有 2 个备用芯片插座。控制部分有 12 个单刀双掷开关,可以给电路输入高低电平信号;有连续脉冲发生器,可以输出频率分别是 1 MHz,500 KHz,100 KHz,10 KHz,1 KHz,100 Hz,10 Hz 和 1 Hz 的脉冲信号。还设置了 A/D 和 D/A 转换电路、十六进制(HEX)码输出电路、蜂鸣器和喇叭以及 EDA 实验的排线和传统实验的插孔的转接部分。显示部分有 LED 显示器共 12 个;六路译码、显示电路,可以显示 0~9,A~F 的十六进制数;单脉冲,可以输出上升沿和下降沿触发的两种单脉冲信号;1 个 8×8 的点阵二极管。在 LED 显示器、十六进制译码、显示、十六进制(HEX)码输出和单脉冲产生电路的控制中,使用了单片机编程的方式,节省了电路板的空间,保证了可靠性。对于控制部分中使用的贴片式器件,换成了双列直插式的器件,损坏后更容易更换。

如图 2 所示为实验箱的 EDA 下载板。FPGA 下载板作为一个独立的电路,可通过螺钉固定在数字电路实验箱上。它和实验箱的连接可以通过排线或单根插针。FPGA 下载板的电源部分,有正负电源插口和 USB 插口 2 种供电方式,插孔可以连接到数字电路实验箱的正负电源插口,USB 接口可以和计算机 USB 接口相连以供电。FPGA 芯片选择的是 Altera 公司生产的 CyclonⅣ系列中的 EP4CE10E22C8 芯片,包括 FLASH 配置芯片 1 片(容量 1 Mbit)。FPGA 芯片中所有可以使用的输入、输出管脚已经引出可供使用。另外,下载板上还设置了 1 个 128×64 的扫描式液晶显示屏,1 个 4×4 的矩阵键盘。

3 数字电路实验箱的研制推动了数字电路实验改革

使用数字电路实验箱,可以完成组合逻辑电路、时序逻辑电路,A/D、D/A 转换等基本的数字电路实验,也可以完成数字电路实验的编程下载。除此之外,还可以完成复杂数字系统的实验,满足课程设计、毕业设计的下载测试使用。

鉴于新的实验箱已经开发研制完成,本文充分利用实验箱,对数字电路实验进行了改革。在数字电路实验教学改革中,对于学时安排和实验内容上做了非常大的改革和调整。

采取的改革措施如下:

(1)完善教学策略,提高实验效率。

(2)增加设计性综合性实验,调动学生实验积极性。

(3)引进EDA技术,采用线上线下结合的实验形式,丰富实验内容和举措。

数字电路实验课程共有32个学时,以前是基本实验+考试的形式。经过改革,要求基本实验12学时,综合实验20学时。具体到实验内容,做如下改革:对于基本实验,要求在以下实验中任选3个实验完成,每个实验4个学时:

①实验一:组合逻辑研究实验(一、二);②实验二:集成触发器实验;③实验三:计数器及其应用研究实验;④实验四:移位寄存器及其应用实验;⑤实验五:D/A及A/D转换器实验。

在基本实验结束后,进行综合实验。综合实验中,要求学生在所提供的命题中任选2个题目完成。综合性设计性实验题目如下:

①发光二极管点阵显示器的应用实验。②十字路口交通灯自动控制器的设计实验。③8路彩灯控制器的设计与实现。④多功能数字钟的设计与实现。⑤地铁自动售票机的设计与实现。⑥多路智力竞赛抢答器的设计与实现。⑦数字式频率计的设计与实现。⑧汽车尾灯显示控制电路。⑨篮球竞赛24 s定时器电路的设计与实现。⑩数字密码锁设计实验。

改革的重点是综合实验。综合实验的步骤是:①老师首先布置实验任务。②题目讲解完后,设计和仿真采用线上的形式完成。学生开始理论设计部分:查找资料、确定设计方案、画出设计方框图、各单元电路的设计、电路的整体设计。③理论设计完成后,学生可以选择用Multisim14软件或QuartusⅡ软件进行系统仿真,进而得到正确的实验电路图和仿真结果、波形图。整个过程需要老师线上指导:采取QQ答疑、"腾讯会议"讨论等方式,共6个学时。④进入实验室搭建电路、并调试,得到实验结果。自己先检查实验结果是否正确,认为正确后,让老师验收。⑤撰写实验报告,对实验进行总结。

完成电路的形式,采取以下2种方法:

(1)在实验板上搭建电路,调试,测试结果。

在这种方法中,学生在设计电路完成后,在规定时间到实验室完成硬件实验。实验室器件和器材全部是开放式的,学生可以自己更换实验箱上的器件。在搭建电路完成后,利用实验仪器测试、调试电路,直到得到正确的实验结果。当电路出现问题,有些故障学生无法排除时,老师会帮助学生分析问题,提示解决问题的方法。这样,学生在老师的提示下,排除了故障,同时也提高了解决硬件问题的能力。

(2)用FPGA下载的方法完成实验结果的测试。

对于非常复杂的电路,由于实验箱、芯片以及导线的影响,很难调试出电路结果,既浪费时间,又打击学生实验的积极性。如果采用FPGA下载的方法完成,可以使学生接触到新技术和新方法,充分感受EDA技术的魅力。在实验中,FPGA下载的方法只用原理图输入的方法,另外的文本输入法放在EDA课程里去完成。

要求2个实验分别采取以上的2种方法完成。

硬件实验部分教学为14个学时。在这一环节,教给学生电路调试的方法非常重要,也是培养学生排除电路故障能力的一个非常重要的时间节点。

如图 3 和图 4 是学生完成实验的实例图。

图 3　传统芯片实验

Fig. 3　Traditional chip experiment

图 4　FPGA 下载实验

Fig. 4　FPGA download experiment

通过充分利用自制实验箱,进行数字电路实验教学改革,使学生的电路设计能力、搭建电路能力、排除故障能力以及仪器操作能力得到进一步提高,达到了实验教学目的。

4　结束语

经过 2 届学生的使用,新的数字电路和 EDA 实验箱反映良好[1]。不但节省了时间,使学生做实验速度得到大幅度的提高;而且使用新研制的实验箱,通过 FPGA 下载,可以完成大型的系统性实验,进一步激发了学生动手做实验的兴趣。另外,学生作课程设计和毕业设计时,可以先设计电路,画原理图或者编写 HDL 代码,然后在实验箱上下载完成。

总之,使用新的数字电路和 EDA 实验箱,充分调动了学生做实验的积极性,使他们更有兴趣参加到实验中,这无疑对数字电路实验改革起到了推动作用。

参考文献

[1] 徐少莹.数字电路实验箱的研制与数字电路实验教学改革[J].西安电子科技大学学报(社会科学版),2012(5):45-47.
[2] 孙肖子,徐少莹.现代电子技术与线路实验简明教程(2 版)[M].北京:高等教育出版社,2009:105-108.
[3] 徐少莹.数字电路实验板的研制[J].中国电子教育,2001(3-4):78-80.

项目式教学法在高等农业院校实验教学中的应用探索
——以研究生"环境污染控制技术"课程为例

尹晓明,朱毅勇,杨超光,张旭辉,李 荣

(南京农业大学 资源与环境科学学院,江苏 南京 210095)

摘 要:基于本科与研究生教育的区别,结合课程内容和特点,构建了把教学与科研密切结合的项目式实验教学方法。通过课程内容的整合和优化设计组成若干项目以及子项目,借助项目之间的独立与统一关系实现教学内容的重点和难点与学生的科研课题以及兴趣之间的高度统一。项目式教学法提高了教学质量,提升了研究生的科研创新和实践能力,为高层次创新人才的培养提供了一定的借鉴。

关键词:研究生;项目式教学法;实验教学;科研创新能力

中图分类号:G642.0;G643

Investigation on the Application of Teaching Method of Project Organization in Graduate Experimental Course
——Taking the Course "Technology for the Control of Environmental Pollution" as an Example

Yin Xiaoming, Zhu Yiyong, Yang Chaoguang, Zhang Xuhui, Li Rong

(College of Resources and Environmental Science, Nanjing Agricultural University, Nanjing 210095, Jiangsu, China)

Abstract: Based on the differences of undergraduate and graduate education, the experimental teaching methods by project-based teaching were designed with respect to the content and characterization of the course. Projects and the related sub-projects were set up according to integrating and optimization the content of the course. Points and difficulties of the course and research topics and personal interests of the graduates were highly unified by carrying out projects. Both teaching quality of the course and practical abilities of scientific research of the graduates were raised due to the new teaching method by project organization, which provide guidance for the cultivation of innovation talents.

Keywords: graduate student; project-based teaching; experimental teaching; scientific research innovation abilities

1 前言

对于我国这样的农业大国,培养具有创新能力的高层次农业人才是至关重要的。具有创新能力的农业人才应具备善于发现并解决问题的能力、强烈的创新意识和过硬的实践技能。我校作为"双一流"建设的知名农业院校,学科建设与人才培养取得了显著成效。在"双一流"建设大背景下,高等农业院校更应坚持立德树人,把人才培养摆在最重要的位置,为社会培养高素质的卓越农业人才。因此,从这个角度来说,高等农业

作者信息:尹晓明,女,博士,副教授,从事环境生物学、实验教学研究。E-mail:yxm@njau.edu.cn

基金项目:南京农业大学研究生教育教学改革研究与实践课题(yjsjg1732),南京农业大学"课程思政"示范课程立项项目(KCSZ2020019),南京农业大学专业建设研究教改专项项目(2021ZY09)

院校应不断探索研究生教育教学改革的策略和方法、全面提升创新人才培养的质量,这是顺应时代发展潮流、具有深远意义的战略举措。另一方面,长期以来课堂教学"重理论、轻实践"的现象一直存在,这与"双一流"建设和"双万计划"的总体目标是不协调的。所以,深化研究生教学改革势在必行。

强化实践教学的主体地位,培养具有创新意识和实践技能的卓越农业人才迫在眉睫,而项目式教学法为实践教学的改革探索提供了全新的思路。因此,高等农业院校研究生课程实施项目式教学法具有必要性和迫切性。

2 本科教育与研究生教育的区别

2.1 当前研究生教育存在的普遍问题

从宏观角度上讲,研究生教育和本科生教育的目标是一致的:为把学生培养成综合素质高、综合能力强的高层次人才。研究生学习的内容和形式发生了转变,从本科阶段的专业基础学习进入了专业方向的学习和研究,转变为导师引导、自我创新的过程[1]。然而,随着研究生招生规模的不断扩张,研究生的数量与日俱增,研究生教育管理的"本科化"已经成为一种共识[2],在研究生的指导与培养、课程设置与教学方法等方面存在一些普遍问题。

比如,在研究生指导与培养方面,导师指导研究生的数量较多,难以有足够的时间和精力对每个研究生进行悉心指导;在研究生的课程设置与教学方面,存在教学方式与本科教育方式相似,老师课堂仍以讲授为主,有些专业课存在对本科专业知识的重复,缺乏学科研究前沿性问题的引导与探索。这些现象显然与创新型高层次人才培养的目标不匹配,更难以适应当今快速发展的社会对人才规格的需求。

2.2 研究生教学与本科教学的区别与联系

本科教学着力培养学生对课程基本知识和基本原理的理解与掌握,以及对课程基本实验技能的学习与训练。大学的学习与生活是从高中向大学的过渡与转换,也是青年人人生道路中自我角色和价值观定位和发展取向的关键阶段。因此,无论在课程体系的设置还是教学方法的改进方面,都应该兼顾本科教学的特点以及过渡期青年学生的身心发育特点、人生价值观的引导,实现"立德"与"树人""传道"与"授业"的和谐与统一。

研究生在课程体系的设计上应以本科阶段的专业知识储备和已有的实验技能为基础,体现专业知识的阶梯化、立体化和纵深感。课程体系的设计需要结合学科发展的新动向,相同学科的课程设置呈现阶梯式并辐射到学科的学术前沿;在纵向方面,不同学科之间的课程设置应能体现学科的交叉和融合。研究生的主要学习任务是学习做研究、协助导师完成科研项目,在教学方法上可以以科学问题的探求为切入点,以新技术和新方法的学习应用为着手点,引导学生独立思考科学问题、鼓励学生积极探索科学问题的本质与规律,逐步培养学生的科研素质,提升解决科学问题的能力。因此,项目式教学法无论是在教学设计还是教学效果方面都与研究生的学习任务和培养目标高度契合,把教学融入科研、以科研推动教学质量的升级,可谓事半功倍,实现了教学与科研的"双赢"。

3 实施项目式教学的意义

项目式教学模式是由英国教育家凯兹博士和加拿大教育家查得共同推创的一种以学生为本的教学方法,它是师生通过共同实施一个完整的项目而进行的教学活动[3]。项目式管理理念最初应用于建筑、国防、航天等领域,目前在计算机、电子通信等行业的实施管理中发挥了重要作用。近年来,发达国家特别注意把研究生的培养与社会需求紧密结合起来。研究生教育模式呈现出研究型、教学型和应用型并存的多样化趋势。德国最近几年积极探索教学、科研和生产的一体化模式,推广项目管理模式的教育模式,提高了人才培养的规格和质量[4]。项目管理教学模式有如下主要特点:①教师和学生的身份都有了新的内涵。学生以团队的形式进行自我管理,德国在对研究生教育的过程中广泛采用工作团队的形式。项目小组是团队管理项目的组织机构,负责监督和管理项目的进程[4]。教师不仅授业解惑、而且对项目的执行起指导和把关作用,并监督项目的实施、加强组织纪律,确保达到实践效果。②教学环节更加系统、完整。项目式管理把整个实验教学内容作为一个项目,并与生产实践紧密相关。③教学方法更加灵活多样。项目式实验教学法通过融合问题教学法、探究教学法促使学生在完成项目的过程中主动地发现问题、分析并解决问题,并对项目的设计、实施、验收等进行深入的探讨[5]。这种管理模式有助于提高学生获取信息、掌握新知识的能力以及分析问题、解决问题的能力,对创新型人才的培养十分有益。

4 项目式教学法在研究生实验教学中的应用实例分析——以"环境污染控制技术"为例

4.1 课程内容与学时安排

"环境污染控制技术"是一门实验操作性很强的课程,也是我院环境科学与工程专业研究生新生的必修课,课程每年秋季开课、共计52学时。课程总共设置13个实验,涉及环境领域土壤和植物样品的常见环境指标分析。每个实验4学时:1学时介绍实验基本原理与方法、操作要点及安全注意事项、相关分析技术进展,3学时学习实验操作与实验室整理与检查。

4.2 课程的项目设计过程

课程内容包括土壤和植物的主量元素、微量元素、重金属元素的分析以及农产品品质分析等,可谓知识点多而零散,内容丰富庞杂。为了避免单调的走流程式教学法,可以整合优化课程内容、根据各部分内容之间的区别和联系把课程设计成2个主课题(项目):土壤环境分析方法课题和植物环境分析方法课题。2个课题研究内容之间有区别又有交叉,比如土壤环境分析课题中土壤重金属的测定与植物环境分析中植物样品的重金属分析都用原子吸收方法测定,然而2者样品的前处理方法不同——前者用 HNO_3-H_2SO_4-HF 消解,后者用 H_2SO_4-H_2O_2 消解法制备。另外,根据具体研究对象、内容及分析手段的不同,每个课题又分为2个子课题(子项目),子课题各自独立却又相互联系,比如子课题1测定"土壤有效磷"和子课题3"植物全磷的测定"都用比色方法,但是前者用钼蓝显色法,后者用钼黄显色法;同时样品的前处理方法不同——前者用 0.5 mol Na_2HCO_3 振荡提取,后者用 H_2SO_4-H_2O_2 消解法制备。通过这种交互式项目设计(如图1所示),让课程内容变得有血有肉、鲜活生动起来,很好地突出了课程的难点和重点,有效避免了单一刻板的教学方式,有效调动了学生学习的积极性,达到了事半功倍的效果。

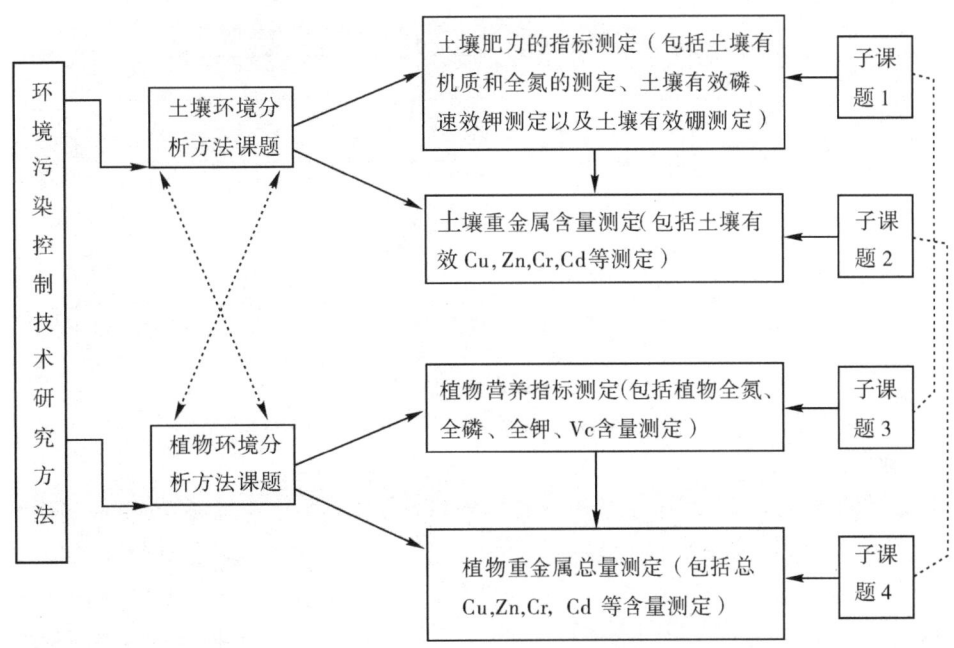

图1 "环境污染控制技术"课程交互式项目设计方法

Fig. 1 Design methodology of project organization of the "techology for the control of environmental pollution" course

4.3 项目执行过程与考评方法

采用教师引导启发与学生自由组合相结合的方式。研究生在教师的引导启发下,根据个人兴趣或结合所做学位论文的课题组建研究小组,这种有目的、有兴趣的课题研究型的教学效果远远大于"填鸭式""满堂灌"的教学方法。各个研究小组指派一名组长,协助教师管理组员、拟定并实施实验方案,发现项目实施过程中的问题并与教师协商调整部分方案。项目开始前各个小组提交项目执行报告,研究生课程不同于本科生,要求他们提交的报告应该具有一定的广度和深度,比如:子课题2要求查阅并了解不同类型的土壤适用的提取方法(酸消解、碱熔等)以及不同方法的优缺点;重金属元素的不同仪器分析方法(如光谱分析法、质谱分析法)的原理、技术要点等;再比如子课题4中的样品前处理方法、重金属元素的分析方法及其进展等。学生预习在先,带着问题、好奇心来学习此课程,学习的过程即是融入团队执行项目的过程。图2以子课题2为例,详细阐释了项目的选题、文献查阅、研究方案和问题解决等项目执行步骤,由此可见,学生自始至终是教学的主体,也是科研的探索者和实践者,教师的作用是正确引导、答疑解惑。

教师对各个小组的项目完成与实施情况予以考核,给出成绩。考评方式采取不同小组之间互评结合教师主评的方式进行,评价的内容包括选题的科学性与实用性、文献查阅的广度与深度、项目完成程度、PPT制作与汇报质量等,各部分分别占不同的分值,根据小组的得分给出不同的等级。

课程结束后,教师根据学生平时表现以及项目完成的质量等综合给出此门课程成绩。可以说整个教学过程是学生从事科学研究、完成项目的科研过程,实现了把科研思想融入教学环节的新模式。

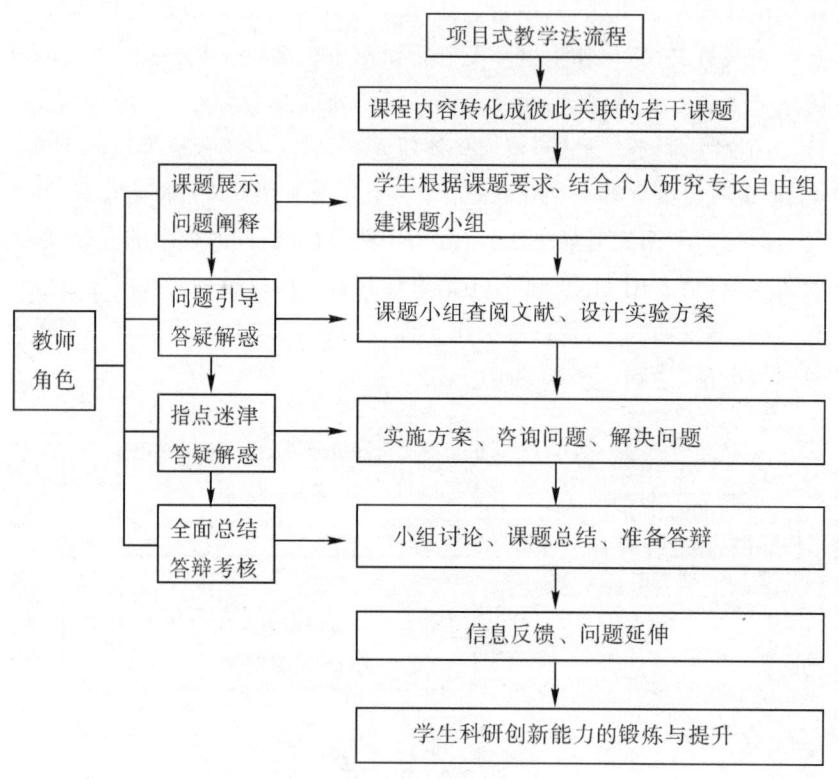

图 2 项目式教学法流程图

Fig. 2 Flow diagram of the project-based teaching

4.4 项目式实验教学的效果分析

项目式实验教学法有效地调动了学生学习的积极性,锻炼了学生独立思考、发现并解决科学问题的能力。学生掌握了常规实验仪器的操作方法,提高了实操和独立思考的能力,培养了创新意识,提升了自我竞争力。通过项目开展、总结汇报、交流答辩等环节提高了学生语言表达和逻辑思维能力,促使学生对所学的专业产生了较浓厚的兴趣;通过组员之间的项目准备、实施与完成、结题与汇报等具体事项的磨炼,很好地培养了学生的团结合作意识,强化了团队协作与团结互助的能力,这对于研究生早日融入导师的课题团队,顺利开展科研工作十分有帮助[6]。

4.5 项目式实验教学应注意的方面

项目式教学模式在实验教学中已经开展并正在成为实验教学研究的热点。然而在实际中要考虑以下5个方面：①实验教学内容的项目可构建性。即各部分实验内容有一定的相关性，各(子)课题相互独立又有联系，可以构建项目。②项目设计的灵活性和可操作性。项目应融合课程知识点，考虑学生的学习经验和背景；同时具有时间的灵活性和实验技术上的可操作性。③项目内容与研究生本身学位论文的匹配性，如果课程项目内容恰好与研究生学位论文有一定的交叉或者论文需要用到课程的分析技术和方法，一方面学生通过学位论文的研究可以为课程内容的学习提供理论指导，另一方面学生通过课程学习掌握了相关的分析技术，为论文的开展提供了技术支撑，可谓相得益彰、相互促进。如果项目与学位论文相关性不大，学生只单纯为拿到学分或者个人兴趣，这种情况需要与研究生导师协调，尽量避免产生矛盾[7]。④实验经费和空间的充分性。进行项目式实验教学，需要一定的条件支撑。因此，需要考虑项目的经费来源，可以是学校专门的教学经费，也可以是任课教师通过自己的科研经费给予一定的支持。此外，从事项目的研究应该有开放的实验室作为条件保障，现在不少学校实验室都有网上预约系统，学生可以通过网上预约系统进入实验室，充分利用自由时间开展项目的研究，当然这对实验室的日常安全和管理提出了较高的要求。⑤项目考核方法的科学性。实施项目式实验教学，其考核评定方法也应该科学化，不能像以前主要依据实验报告给出评价的简单方法，比如可以根据学生对项目的准备、完成、总结和答辩等情况综合考核。

5 结束语

把项目式教学法引入"环境污染控制技术"课程，通过内容整合和优化设计分成若干项目以及子项目，借助项目之间的独立与统一关系把教学内容的重点和难点贯穿起来，同时结合教师所做的科研课题以及学生个人兴趣，在教师的引导下完成课程、项目和兴趣三者之间的最佳组合，实现教学、科研和人才培养的交融统一。在目前国家"双万计划"建设的教育大背景下，新的时代对创新人才的培养提出了更高的要求。深入探讨该方法在研究生课程教学中的地位和作用、系统分析该方法对提升研究生科研创新能力的贡献，对于切实提高高等农业院校创新人才的培养具有重要的理论和实际意义。因此，每位研究生教育工作者都应不断地探索研究生教育教学改革，为培养科研创新型卓越人才尽一分力量。

参考文献

[1] 赵心恬.研究生教育与本科生教育模式探讨[J].当代教育实践与教学研究(电子版),2016(5):239.
[2] 李安萍,陈若愚,胡秀英.研究生教育"本科化"认识的形成与思考[J].研究生教育研究,2018(1):26-32.
[3] 郑元,赵芬,陈诗,等.基于项目教学法构建植物生理学实验教学新体系[J].教育教学论坛,2016(32):171-173.
[4] 刘爱真.德国研究生教育的项目管理模式[J].学位与研究生教育,2010(5):73-77.
[5] 何林锦,翟云波,李彩亭,等.项目式实验教学模式及其可行性评价方法[J].实验室研究与探索,2010,29(2):94-96.
[6] 闵永智,李红,王秀华.电气工程专业研究性实验教学新模式探索[J].实验技术与管理,2015,32(12):177-178,186.
[7] 李朋军.基于项目管理的研究生科研创新能力培养探析[J].科技管理研究,2017(12):195-198.

高校技术类学科学生应用创新能力培养"3+n"理论及思考

纪　元,刘　峰,申旭红,陈克卫,李高平

(中国农业大学 烟台研究院,山东 烟台 264670)

摘　要:本文针对高校技术类学科学生应用创新能力的培养提出了以生产实践、实验课程和毕业论文为3个主要培养环节,结合校企合作、第二课堂、国际合作开放视野等 n 项拓展训练计划,形成"3+n"理论。阐述3个主要培养环节相互配合对学生应用创新能力培养的意义及其存在问题,并对 n 项拓展训练计划如何深入融进实验课程、生产实践和毕业论文培养环节来培养高校学生的应用创新能力进行了分析总结,为高校培养应用创新型人才提供一定的参考。

关键词:高校技术类学科;"3+n"理论;应用创新能力培养

中图分类号:G642.0

"3+n" Theory and Thinking on the Practical and Innovative Abilities of Technology Major Students

Ji Yuan, Liu Feng, Shen Xuhong, Chen Kewei, Li Gaoping

(Yantai Research Institute, China Agricultural University, Yantai 264670, Shandong, China)

Abstract: This article puts forward the 3 main training methods of production practical courses, experimental courses, and graduation thesis for the practical and innovative ability training of technology major students, combined with n training items such as school-enterprise cooperation, second classroom, international cooperation, and open vision to form a plan of "3+n" theory. This work explains the significance and problems of the combination of the 3 main training methods for the cultivation of students' practical and innovative ability, and how to integrate the n expansion training program into experimental courses, production practical courses and graduation thesis. The work provides a certain view on how to train innovative talents.

Keywords: technology major; "3+n" theory; cultivation of practical and innovative ability

在高新技术、信息化、智能化飞速发展的当今时代,担负高层次人才培养的高校需要培养出适应时代发展的复合型、应用创新型人才[1-2]。现今许多高校均已开展技术类学科的实验课程和生产实践来培养学生的应用能力;此外,大四阶段的本科毕业论文也是培养学生创新能力的重要环节。但受到专业、学时、学分、教育体制和模式、学校层次定位及社会关系和社会影响的限制,实现复合型且具有国际化开放视野、创新素养的人才培养仍存在瓶颈。

1　技术类学科

技术类学科以技术知识为基础,是一个在逻辑上相对完整和自成体系、目标指向技术活动领域(自然技

作者信息:纪元,女,博士,讲师,主要研究方向为水产养殖。E-mail:jyuan0720@163.com

基金项目:中国农业大学课程建设项目(201901Yt)

术活动领域和社会技术活动领域)、涵盖范围大小不等、主要由基础科学的基本原理和相应的技术规则及相应的经验所集成的技术知识体系和组织方式[3]。

在高校的许多学科中均涉及技术领域,但相较于基础学科,工科、理科和文科等学科分类的概念,技术学科还没有相应的学科分类体系,是更注重应用的技术领域的学科。高校教育体系中,目前系统地对技术类学科的研究管理体系尚不明确。本文中主要指农牧、工业、采矿、冶金、建筑、材料、能源、信息、医疗、环保等技术学科群及其交叉渗透的学科群。

2 "3+n"理论体系

技术类学科在新的时代背景下,其相关的交叉学科不断发展,对于人才培养应实现宽口径、复合型、具有国际化开放视野以及应用创新能力的目标,提出以生产实践、实验课程和毕业论文为3个主要纽带和环节,融入第二课堂、校企合作、国际合作开放视野等 n 项拓展训练计划的"3+n"理论体系。

3 实验课程结合生产实践与毕业论文的意义和当前存在问题

国内许多高校都在改革现有的课程实验,并积极探索将理论课程的实验与教师科研、生产实践和学生兴趣相结合来替代以往传统的验证性的照书本、多媒体和教师安排好的实验[3]。例如上海工程技术大学和华中科技大学的创新实验(也称"优良答辩"),实行导师负责制,基本按照研究生的培养模式在本科阶段进行培养[4-6];再如湖南大学[7]、四川大学[8]、山东农业大学[9]、广东海洋大学[10]等高校创新实验平台建设,使生产实践和毕业论文可在此平台上完成,这一系列的措施均提高了学生自主实验的能力与创新能力,取得了良好的效果。

但这种基本借鉴研究生的培养模式,一方面因让学生自行确定内容,对于还未入行的、刚从高中毕业步入大学的学生而言,易导致眼高手低,占用较多学习时间,具体实施时也会存在基础实验技能缺乏、实验可行性及意义有所欠缺等诸多弊端;另一方面,对教师而言也占用了较多精力,课程时间难以确定和安排,同时存在对学生的评价和管理不足、实验室安全及管理不足、实验经费消耗增加等诸多问题。受到现有资源的限制,实验往往与实际的生产工作一线和未来的科研工作差距甚远。许多学生在校园内培养的实验技术与社会需求脱节,毕业论文流于形式,难于培养科学创新思维,与学生的科研方向脱节。整个过程难于提供有针对性的个性化应用创新能力培养。

4 "3+n"理论的思考及实施构想

4.1 建立以市场为导向、因材施教的培养体制

当今,许多大学也针对实验课程与实际的一线生产工作差距甚远的问题做了一些探讨,采取了许多措施,其中最有效且广泛推行的当属"校企合作"了[11]。如建立实训、科研、就业一体化科技园区,签订校外实习共建基地、合作完成项目[12]、普通高校的分布式校企共建[13]等。但受到学科及行业特点,学校及企业定位、实力、规模及地域的限制,真正在高校普遍做到请企业专业技术人员走进来,让学生走出去,深层次体系化的合作还相去甚远[14-15],这种情况多集中在实力雄厚的学校和企业[16-17]。面向所有本科生,实验课程和生产实践难以纳入学校学生培养课程的客观评定中,实验课程多包含在对应的理论课程中,生产实践及毕业论文科研工作多被独立出来。面向就业或未来科研方向,其并不作为学生毕业、保研、考研及就业的评定依据。基于此应考虑以下几点:

(1)立足学校和行业专业方向,根据人才市场即学校合作或目标就业的企业需要,充分考虑本校的定位、实力和社会资源合理制定招生计划,设置相适应的实验课程体系和与企业、科研单位的合作内容形式,并量化评定成绩。如企业领导和技术人员共同制定实验课程及人才培养方案,实施"双师型";加强实训基地和中心建设,采取"顶岗实习"[18-19];建立国际化、研究型、开放性的国际人才培养体系,为落实与推进"一带一路"

战略,发展留学生的新型培养体制[20]。

(2)毕业严出,毕业生的质量以及就业是评价高校教育水平的重要指标之一。然而多年来毕业生完成毕业要求门槛渐低,导致一系列问题,因此必须设定严格的毕业门槛。根据2019年《教育部关于一流本科课程建设的实施意见》,要立起教授上课、消灭"水课"、取消"清考"等硬规矩。基于此,建议在入学的第一年即安排学生到其志愿的相应单位参观学习,及时调整学生的专业兴趣、技术方向和毕业去向,将学生的培养计划以在线平台的形式提供给学生,根据学生的个性、兴趣特点有针对性地制定培养方案和环节。同时通过在线平台形式与教务系统打通,在此平台完成与教务相关的所有沟通和协调,方便学生和教师交流,透明公正学费去向,有针对性的安排和调整各培养环节的有机结合与实施。在第二和第三学年科学定位专业、细化岗位群,压缩与行业学科关系不大的课程课时,尤其针对留学生和国际合作大学学生,完全可以把压缩的课程用来开设针对其母语的专业语言和文化课程,利于其沟通和理解;精简课程数量,加大多名教师协同授课的课程比例;加大选修课程力度;增加实验课程和生产实践的学习时间;以学科在本科层次需要达到的理论知识水平和专业技能划定一个成绩,在进入大四之前结束成绩评定,不合格的则直接劝退。大四一年根据学生的意愿和个性,面向未来的发展方向和就业市场有针对性的"订单式"[12]培养学生,使学生的专业知识和技能有针对性的系统化、实践化,创新能力在即将就业的岗位或进行科研的实验室的科研方向上真枪实弹地得到锻炼和培养,毕业论文则成为其创新能力的量化评定形式作为其去向单位的参考依据。

(3)教师的待遇以岗定教,与企业对接[12],与教师投入的工作时间和成果挂钩。学生所交的学费应按每个学生每年开设的课程与对应的相关教师(包括企业老师)的待遇挂钩,第四年如果没有校内的教师提供相应的指导,学生自主联系的去向单位则只收学生的管理费;有选修课的学生则收对应教师的学费,使学生的学费透明,不同的学生学费不同,而非现在的"一刀切",其导致了教师和学生的学习积极性差,个性未得到相应的发展,难以有所思考,更不要说有创新。

基于以上几点,形成了以生产实践、实验课程和毕业论文为主线的3个有机培养环节,贯穿对应了人类认识自然由感性到理性、再到感性、进而创新的规律的3个阶段。比目前的第一年通识教育、第二年专业基础教育、第三年的生产实践教育和第四年的就业实习或考研、考公务员现状,更适应实际需要和学生个性发展。针对以上培养环节中不足,创新能力培养则通过"3+n"中的n融入补充。

4.2 校企、政校等合作融入3个培养环节的教育活动中

一方面从企业聘请技术人员作为兼职教师参与相应课程的教学,另一方面安排校内教师不定期或在生产季节高峰期整段时间到企业实践,实现课程的应用性、创新性,将身边的鲜活资料应用到教学中,启发学生思考。并在此过程中发现新问题、协同申请新项目一同解决实际问题和开展项目研究,学校的实验条件也可直接设在合作密切的企业中,随时取材、随时处理和进行实验,提高实践活动的针对性和实效性。

在生产季节,3个培养环节完全可以在企业进行和完成,即"厂中校"[12],学生只需要回校查阅资料,其他时间都可以利用起来,完成一些需要连续工作的实验,避免目前的教学时间限制,无法利用晚上和周末,因生产实践和许多科研活动往往不能按照8小时工作制来进行,无实验的教学课程完全可以为有实验的实践课程让步,安排在这些课程的间隙或生产闲时,加大企业和学校教师的自主安排力度。

明确企业与学校在合作中的定位,签订协议及企业技术人员和学校教师的岗位职责,确定学生成绩评定的硬件指标,教师的考核标准激励制度。

政校合作主要指,在大四时到相关行政机构实习了解专业社会需求和政府部门职责及运作管理方法,根据实习中遇到的问题合理开展毕业论文的调研和研究。

4.3 第二课堂的设计与思考

创新应用和思维的培养都离不开专业、学科的交叉和碰撞[21-22]以及国际化开放式的交流与沟通[23-25]。基于此,受到专业、学时、学分的限制,可在第二课堂的切磋、协商、碰撞中实现多专业学生的协同培养、师生的协同创新,实现个性化培养[26-28]。

但在实际设计与操作过程中存在许多问题,可考虑以下几点:

(1)第二课堂的时间应灵活,学校应以学院为单位自主组织和安排,在理论课程与第二课堂的时间冲突时,若涉及其他部门或企业等外单位人员的,优先安排第二课堂时间,只要在线平台上协调好即可。如北京科技大学的"第二课堂成绩单"制度,形成一套统一的积分标准,依托一个平台,这样可以保证每个年级的学生都能平等地接触到行业资源,弥补生产实践环节时间集中、学生无法了解到其他时间、企业的生产实践内容的不足。有助于学生提前了解企业和行业动态,选择适合自己兴趣的实习点,真正让教师和学生走出去,让学生在实践中融会贯通各门课程知识、发现实际问题,促其思考、解决问题。

(2)第二课堂的内容不应受到专业学科的局限,应立足社会需求、行业发展、学校社会资源和条件及学生特点提供更广泛的接触机会,让从政、从商、教学科研和服务及国外留学和工作经历的有成之士经常到学校和学生近距离接触,提出他们需要的人才类型和要求,以及成为有成之士的途径。拓展国际交流的渠道,通过联合培养、交流互换、外企合作等途径,培养学生的国际化意识,增强学生的国际竞争力[29]。如本校的国际杰青项目,外籍学者在校的研究吸纳了各专业本科生参与其中,使学生不仅接触了科研训练,还拓展了视野、增强了外语交流能力。

(3)第二课堂的教学形式可根据兴趣选择项目,项目可不仅仅是本校导师的,还可以是企业、科研院所和政府部门的,提前参加到研究或调研课题中,先跟着学长学姐组成科技项目或调研小组,学习基本的科研技能和操作,再带动学弟学妹,从而提高他们的科研能力、实践能力和综合运用知识的能力,并完成本科毕业论文,如本校水产养殖专业学生每年都积极参与在烟台的多家企事业单位,如中科院海岸带研究所、东方海洋、莱州明波等项目的研究实践中。

(4)不同于第一课堂有完整的体系结构,为了第二课堂健康有序地实施,还需要加强整个学院的组织领导和不同部门、不同单位的协调沟通,促使第二课堂课程化、体系化、连续化。

(5)最后,第二课堂概念宽泛,在核心理念之外还要注重对学生的因材施教。可针对学习兴趣及能力强的同学依托URP科学训练,鼓励积极参加各类社会实践活动,利用假期积极推荐合适的学生到大型企业和科研机构顶岗实习完成毕业论文,许多同学毕业后可直接在这些单位就业。

4.4 国际合作开放视野对学生应用创新能力培养的思考

随着高等教育国际化的发展,积极开拓国际合作渠道,无疑是培养学生国际化开放式思维的重要途径。如果说校企合作针对的是学生就业层面的应用创新能力培养,第二课堂针对的是学生个性化创业创新能力的培养,那么高等教育国际合作无疑是引导学生面向全人类的文明成果,开阔的视野必将引发学生更多思考、质疑,进而有助于实现创新能力的培养。

对此,还要解决几个问题:如语言沟通的合理突破、历史文化的差异感悟、科学理念的统一等。

总之,随着智能化和5G时代的到来,高等院校培养大学生的创新能力更显重要。现代科技的日新月异,对高等教育的冲击是多方面的,但是社会对于创新型人才的需求是始终不变的。基于高校技术类学科学生应用创新能力培养的目标,以生产实习、实验课程和毕业论文为培养的主要环节,依据不同的培养层次形成的校企合作、第二课堂、国际合作等拓展训练计划的"3+n"理论体系将在不断实践中完善,适应时代对高校教育的要求。

参考文献

[1] 洪波,杨岳.拓展创新素质培养的空间——学生第二课堂创新素质培养的认识与实践[J].清华大学学报:哲学社会科学版,2001(S1):25-28,42.

[2] 付少波,曹春霞,何惠英,等.大学生素质教育与创新能力的培养[J].科技信息,2009(11):141-142.

[3] 夏建国,刘晓保.技术学科初探[J].高等工程教育研究,2012(1):92-96.

[4] 赵志强.以学科建设和创新实践指导高校实验室建设[J].中国印刷与包装研究,2012,4(4):52-56.

[5] 武天骄,刘观女,郭超,等.农业高校校企合作模式的探索与实践[J].家畜生态学报.2016,37(8):94-96.

[6] 周锦兰,王宏,聂进.多层次大学生创新实验平台的构建与实践[J].实验技术与管理.2011,28(4):16-18,21.

[7] 蔡炽,蔡炳新,郭栋才,等.以培养创新型人才为宗旨,全面提升国家级实验教学示范中心建设水平[J].实验技术与管理,2008,25(2):107-109.

[8] 成丽,杨祖幸,汤洁,等.创新实验平台的建设与管理机制创新[J].实验科学与技术,2010,8(2):166-168.

[9] 丁筱玲,赵立新.加强实验教学改革搭建创新实验平台[J].实验室研究与探索,2008,27(3):70-72,75.

[10] 夏杏洲,胡雪琼,黄和,等.构建创新实验平台,培养创新型专业人才——广东海洋大学食品科技学院实验中心的建设与实践[J].中国科教创新导刊,2009(10):22-23.

[11] 刘和东.构建以企业为主导的产学研合作新模式[J].中国高校科技与产业化,2008(7):37-39.

[12] 胡昌荣."校企合作"与"订单培养"研究综述[J].科学咨询:决策管理,2009(8):28-29.

[13] 余桂兰,左敬龙.分布式校企共建创新实验平台建设探讨[J].实验室研究与探索,2013(8):228-230.

[14] 李德海.关于新形势下加强校企合作培养的思考[J].中国大学生就业,2007(15):29-30.

[15] 洪贞银.高等职业教育校企深度合作的若干问题及其思考[J].高等教育研究,2010,31(3):18-20.

[16] 张经强.高校产学研合作中的若干问题及思考[J].技术与创新管理,2006,27(1):92-94.

[17] 金长义,陈江波.德、美、澳、中校企合作人才培养模式的比较研究[J].教育与职业,2008(17):27-29.

[18] 张猛,赵桂峰,李瑶亮.地方高校土木工程专业本科生科研创新能力培养探索[J].中国电力教育,2014(11):26-27,32.

[19] 兰时乐,王征,周晓明,等.校企合作生物工程专业工程复合型技术人才培养模式研究[J].现代农业科技,2017(11):268-269.

[20] 杨红英,童露."一带一路"战略背景下校企合作培养国际化人才的机制研究[J].现代教育科学,2017(6):104-109.

[21] 姚群秀,赵硕.基于科学人才观的高校人才培养研究[J].西北大学学报(哲学社会科学版),2007(06):168-170.

[22] 魏培徵,马化祥,马莉萍.高校第二课堂与大学生创新素质培养关系研究[J].思想教育研究,2011(10):99-102.

[23] 李祖超,别雪君.美国高校拔尖创新人才培养模式评析[J].中国高等教育,2011(18):58-59.

[24] 董瑞.国内高校拔尖创新人才培养模式改革研究:以5所名校学院建设为例[J].高等理科教育,2011(6):68.

[25] 邹晓东,李铭霞,陆国栋,等.从混合班到竺可桢学院:浙江大学培养拔尖创新人才的探索之路[J].高等工程教育研究,2010(1):64-74,85.

[26] 沈千帆.第二课堂教育与人才培养研究课题组.北京地区高等院校第二课堂教育与人才培养研究[M].北京:中国铁道出版社,2011(1).

[27] 许青云.高校创新型人才培养[J].国家教育行政学院学报,2010(3):11-14

[28] 杨萍,姜余祥,王燕妮.多专业融合协同打造大学生第二课堂的探索与实践[J].教育教学论坛,2016(3):96-97.

[29] 张雄,唐胜利,王麒凯,等.高校拔尖创新人才培养模式构建[J].重庆科技学院学报(社会科学版),2017(4):99-101.

实验技术与方法

柔性驱动实验教学系统设计及开发

索劭轩,贾友凯,杨浙帅,郭艳婕*

(西安交通大学 机械工程学院,陕西 西安 710049)

摘　要:柔性驱动系统由电机、绳索、伺服控制器等构成,采用光栅尺、编码器以及拉压力传感器测量数据,并通过开发的实验软件对数据进行采集。该实验平台涉及设计、控制、测试等多个学科,为学生应用测试技术、分析电机绳索系统创造了实验条件,能够培养学生解决复杂工程问题和实践的能力。

关键词:柔性绳索;电机控制;数据采集

中图分类号:G64

Development and Design of the Flexible Driving Experiment Platform

Suo Shaoxuan, Jia Youkai, Yang Zheshuai, Guo Yanjie*

(School of Mechanical Engineering, Xi'an Jiaotong University, Xi'an 710049, Shaanxi, China)

Abstract: The flexible drive system is composed of motors, ropes, servo controllers, and etc. It uses grating scales, encoders, tension and pressure sensors to measure data, and collects the data through the developed experimental software. This experimental platform involves design, control, testing and other disciplines, creating experimental conditions for students to apply testing technology and analyze motor rope systems, and cultivate students' ability of solving complex engineering problems and practical ability.

Keywords: flexible rope; motor control; data collection

1　引言

《中国制造 2025》对人才培养提出了新的要求,重中之重就是培养学生解决复杂工程问题的能力。复杂工程问题需要考虑多种学科综合使用问题。Rous-Royce、GE 公司均进入连续体机器人行业,拟采用蛇形机器人对航空发动机进行检测、修复。其中这些机器人采用的驱动方式均为柔性驱动,这也是在实施过程中的难点环节。如何在实践教学中引入该案例,为培养学生解决复杂工程问题提供工程应用背景是实验设计中需要考虑的问题[1-3]。以连续体机器人为背景,考虑到柔性驱动中电机控制品质以及绳索柔性均会影响到绳索控制设备的运动精度,本文设计了柔性驱动实验台,通过控制电机运动、检测绳索拉力,可以掌握电机控制、多种传感器的使用以及数据采集、数据处理等方法[4],根据实验需求开发了相应的实验软件,并通过实验软件辅之以相应传感器完成数据的采集以及实验曲线的实时生成。

作者信息:索劭轩,男,在读硕士,主要方向为机械控制。E-mail:ssx791253814@mail.xjtu.edu.cn

通信作者:郭艳婕,女,博士,高级工程师,主要研究方向为机械控制、故障诊断。E-mail:guoyanjie@mail.xjtu.edu.cn

基金项目:西安交通大学名课程、思政课程建设项目,新工科研究与实践项目(项目名称:智能制造对新型工程科技人才的培养需求及对策研究);2020 年教育部产学合作协同育人项目"钢丝绳摩擦磨损实验台研制与实验开发"(202002108005);2020 年西安交通大学本科教学改革研究项目"拔尖人才图学思维与工程图学研究型学习方法研究"(20BJ04Y)

2 总体设计

柔性驱动实验台包括机械、电气、软件3部分。在机械系统设计中,根据实验台需求设计了包含直流伺服、交流伺服和直线3种电机布置及静止拉力和运动情况下拉力测试的实验方案,并独立设计了钢丝绳固定装置以方便绳索的固定以及传感器的连接;在电气系统的设计中,通过计算选取了合适的驱动单元,根据实验所需选择了合适的拉压力传感器对绳索受力数据进行采集[5],其中包含电机角度、光栅尺等信号。绳索实验平台的软件界面包括电机位置PID参数调节、钢丝绳静止拉力、钢丝绳运动情况下的拉力测试以及钢丝绳疲劳测试4个模块。具体设计思路如图1所示。

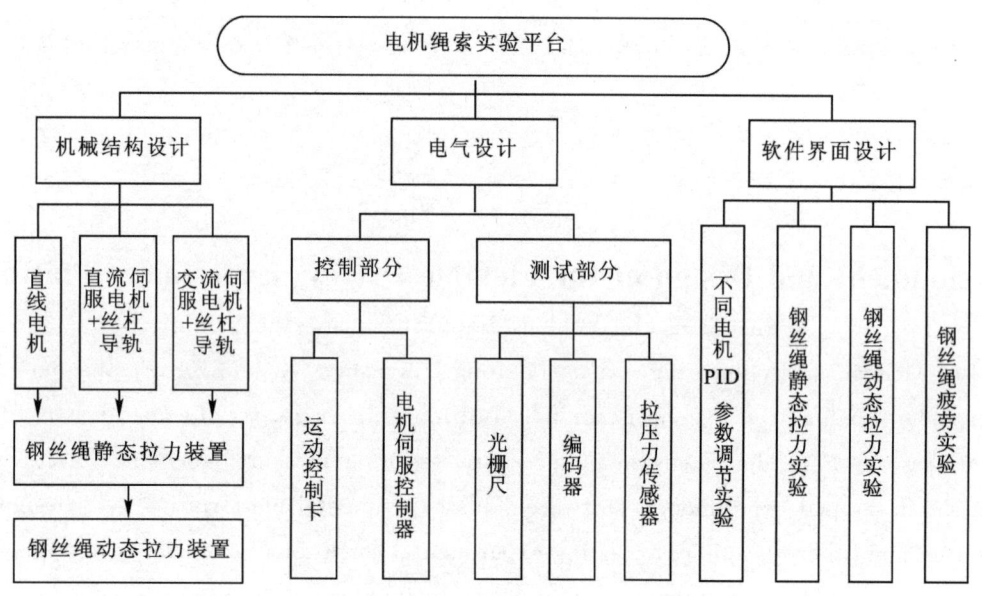

图1 电机绳索实验平台设计思路

Fig. 1 The design idea of the motor rope experiment platform

3 实验台设计

本实验平台采用固高运动控制卡,通过PCIe总线连接到上位机,并可以实时读取电机角度、丝杠运动位置、钢丝绳拉力大小,该设备为全开源代码,自主开发软件。具体布置情况如图2所示。

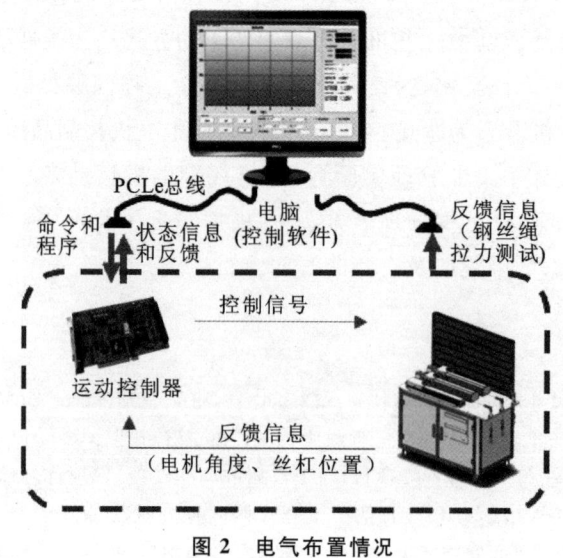

图2 电气布置情况

Fig. 2 Electrical layout

3.1 驱动单元选型

实验平台以电机为力源装置驱动绳索运动,将电机与绳索作为独立的2个部分,通过设计的固定装置可以将绳索固定在电机动子座上。实验平台右侧末端定滑轮装置可以替换为绳索固定装置以达到绳索一端固定的目的。实验平台通过搭载相应的传感器可以获取电机的位置以及绳索所受的拉力数据,进行进一步的数据处理。

根据实验平台的工作原理可知,电机工作中做功主要是为绳索运动提供拉力,考虑实际应用中存在的摩擦、安全系数等因素[6-8]以及未来实验平台的再利用,可选择驱动单元包括伺服电机、直线电机、运动控制器、伺服驱动器。具体驱动元件参数如表1所示:

表1 驱动元件选型参数

Tab. 1 Selection parameters of drive components

硬件名称	硬件型号	主要参数
直流伺服电机	TL170	额定功率400 W
交流伺服电机	MHMF042L1U2M	额定功率400 W
直线电机	TLM115	额定功率400 W,额定推力300 N
运动控制器	GTS-800	8轴运动控制,DSP高速运动规划,多轴同步控制,支持多运动方式
伺服驱动器	松下	配套伺服电机与直线电机

3.2 绳索固定装置设计

传统的钢丝绳固定装置如钢丝绳卡扣之类一般使用较粗的钢丝绳,而实验所用到的直径较小的钢丝绳无法起到固定作用。如果将钢丝绳捆绑固定于螺栓处又会易松动增加摩擦力增大实验误差,在钢丝绳固定装置的设计中要考虑固定装置与实验平台或传感器的连接。

实验平台需要设计一种针对直径较小的绳索固定装置,如图3所示:

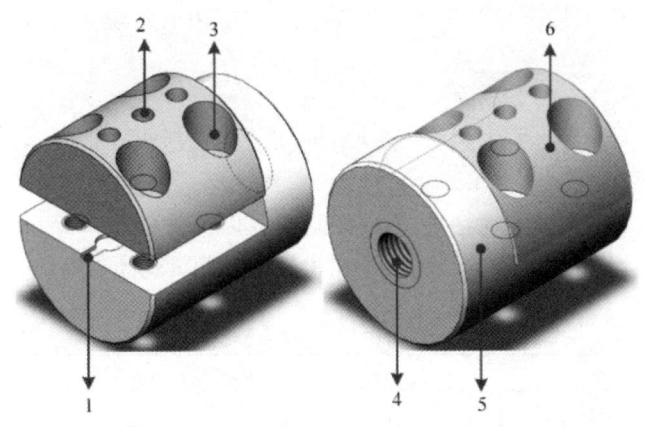

1.绳索槽;2.压紧孔;3.固定孔;4.传感器连接孔;5.钢丝绳固定柱;6.上盖

图3 绳索固定装置

Fig. 3 Rope fixing device

此钢丝绳固定装置分为上盖与钢丝绳固定柱2部分。钢丝绳固定柱打有令绳索放置的槽,在一端钻有螺纹孔与传感器或者其他零件进行配合连接。上盖钻有2种孔,中间的小孔为压紧孔,用于将槽内放置的绳索压紧;两侧的孔则用于将上盖与钢丝绳固定柱连接。通过此方法,槽可以将钢丝绳一端固定于实验所需要的位置,并且可以通过串联的传感器获取绳索受力的数据。具体安装如图4所示。

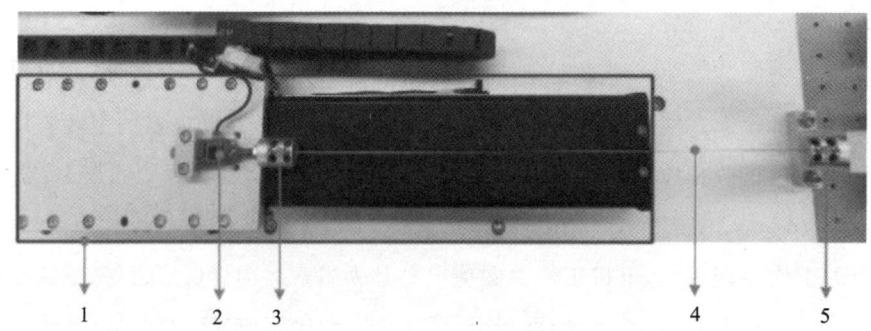

1.直线电机;2.拉压力传感器;3.绳索固定装置;4.钢丝绳;5.可替换钢丝绳固定装置

图 4 实验台安装示意图

Fig. 4 Schematic diagram of the installation of the experimental platform

3.3 拉压力传感器选型

拉压力传感器用于测量钢丝绳内部所受的拉力值。拉压力传感器的连接方式为：传感器一端固定于电机底座上，另一端与钢丝绳连接。

基于本实验平台的工作原理，以钢丝绳最大称重为标准选择传感器量程。为减小传感器所占空间，本实验平台选取微型 S 型拉压力传感器，传感器的模型如图 4 所示。拉压力传感器选用与之配套的信号放大器，具有数显与采集功能，板卡读取 0~10 V 模拟量电压对应传感器 0~30 kg 的张力，其分辨率为 0.01 kg。

3.4 编码器信号

在直流伺服电机和交流伺服电机控制中，编码器信号作为闭环反馈用于控制反馈，可以反馈电机位置、速度信号，从而判断电机位置、速度是否实现反馈控制。

该信号通过控制卡读取，可实时显示电机的位置、速度及加速度，从而为电机的 PID 参数控制提供反馈依据。

3.5 光栅尺信号

在直线电机的闭环反馈中，光栅尺是闭环控制系统中的测量装置。直线电机（直线马达）一般根据机构要求的精度，选择合适的光栅尺形成闭环反馈，其精度决定了整个系统的定位精度。本实验台中，建立电机的传递函数模型，通过光栅尺位置读取，实现电机位置环 PID 控制。

4 实验软件开发

在 Visual Studio 2019 平台下，通过 MFC 模块针对实验平台所需功能对运动控制卡进行二次开发，编写了专用的软件界面以实现在线测试需求。

通过软件界面，可以调整电机的运动参数、PID 控制参数以及采样频率等参数，显示的实时曲线以及后续数据处理可以达到既定的实验要求。实验软件使用流程图如图 5 所示[9-10]。

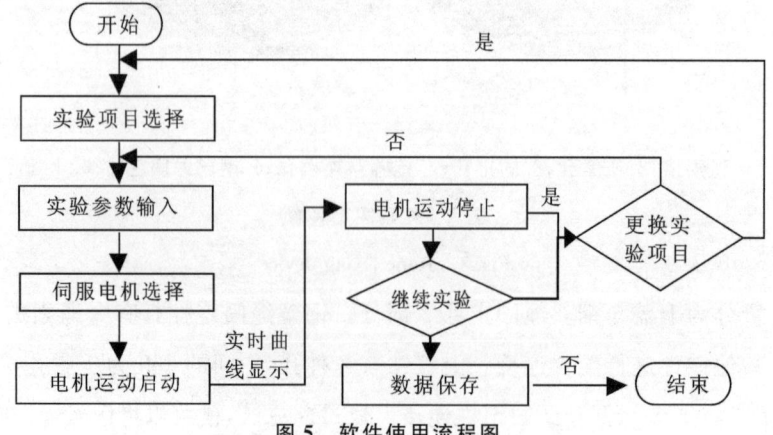

图 5 软件使用流程图

Fig. 5 Flow chart of software use

5 实验项目

该平台上可以开展控制技术课程综合实验、钢丝绳相关实验,内容包括:电机位置环 PID 参数调节、绳索的疲劳测试、绳索动态拉力测试实验、绳索静态拉力测试。对不同类型电机组成的电机绳索系统进行实验,学生可以对不同电机的控制品质及绳索柔性的定量描述有进一步的了解。

以绳索静态拉力测试实验为例,当电机以 0.1 mm/s 速度运动 0.3 mm、采样间隔为 50 ms。操作步骤如下:

(1) 打开实验软件主界面,通过主界面左上角功能选择进入"绳索静态拉力测试"实验界面。

(2) 界面右侧对话框界面为参数输入区域,在进行钢丝绳静态拉力测试实验时,在"参数设定"下设置数据的采样时间间隔(软件中为采样周期)、电机的运行速度与目标位移,在"伺服电机选择"下选择此时需要进行实验的电机。

(3) 点击"伺服使能"按钮完成电机的伺服上电工作,再点击"预加载"按钮,电机将以设定的速度运动,直到实验台上的绳索由松弛状态变为绷紧状态。在绳索绷紧之后,点击"采集开始"按钮,电机将以设定速度运动到设定位移处。电机运动过程中出现任何情况均可以点击"采集停止"按钮中止运动。

(4) 实验完成后可以点击"绳索松弛"按钮,此时电机将反向运动到上一步输入的设定位移以达到绳索松弛的目的。

(5) 在运动结束后如需要切换电机或不再使用此电机时应点击"伺服关闭"按钮,使电机恢复断电状态。在运动完成后,可根据需求在"数据保存"下将相关数据保存到计算机任意位置,保存为 txt 文本格式。

界面输出的曲线如图 6 所示。可以看出,在电机运动 0.08 mm 左右后,绳索受力与变形量将成明显线性关系。

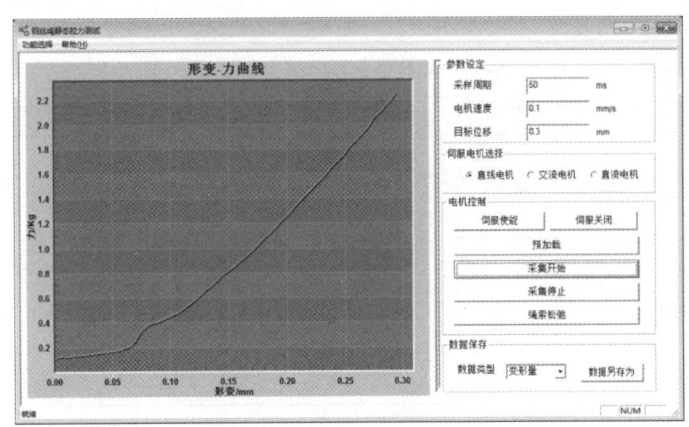

图 6 实验结果

Fig. 6 Experimental results

更换钢丝绳及不同负载,根据钢丝绳的采集结果,可以用于连续体机器人实际控制中。针对双芯柱交错式的机械臂关节结构(如图 7 所示),根据设计要求可确定钢丝绳类型,而后计算确定驱动装置,从而控制机械臂运动。

图 7 机械臂驱动实验结果

Fig. 7 Robotic arm driving experiment results

6 结语

《中国制造 2025》离不开人才的培养,先进的科学技术引入到人才培养中至关重要。柔性驱动实验系统可以开展控制技术课程综合实验、钢丝绳相关实验,内容包括:电机位置环 PID 参数调节、绳索的疲劳测试、绳索动态拉力测试实验、绳索静态拉力测试。对不同类型电机组成的电机绳索系统进行实验,学生可以对不同电机的控制品质及绳索柔性的定量描述有进一步的了解。开发相应的实验软件可以完成 4 种不同类型的实验以及对比不同电机的控制品质,并且对实验相关数据进行采集。

在该设备上开设综合性实验,建立了理论与实物模型之间桥梁、将控制技术应用到实际的机械对象上,可以培养学生运用控制理论、解决问题、分析问题的能力,激发学生的学习兴趣,增强学生对机械控制的理解能力,提高学生解决工程实践问题的能力,开阔视野[11]。

参考文献

[1] 李丽娟,杨文斌,肖明,等.跨学科多专业融合的新工科人才培养模式探索与实践[J].高等工程教育研究,2020(01):25-30.
[2] 孙晶,刘新,张伟,等.工程创新型机械类精英人才培养模式探索及其在行业教育联盟中的推广[J].高等工程教育研究,2018(4):91-94.
[3] 李峥,卢文秀,褚福磊.风电增速齿轮箱模拟实验台研制[J].实验技术与管理,2020,37(4):106-109.
[4] 李瑞峰,荣伟彬,邓鑫.新工科背景下机器人工程专业研究与探索[J].中国大学教学,2020(Z1):32-36.
[5] 向立清,鞠锋,齐飞,等.用于航空发动机原位检测的连续体机器人运动研究[J].机电工程,2019,36(05):464-469,528.
[6] 徐伟.绳驱动机器人的系统设计及运动控制研究[D].南京:南京航空航天大学,2018.
[7] 李亚锋.线驱动柔性机械臂运动控制系统的设计研究[D].合肥:合肥工业大学,2017.
[8] 王浩淼.线驱动柔性充电机器人系统的设计与控制研究[D].哈尔滨:哈尔滨工业大学,2017.
[9] 叶明.机械自动变速传动建模与仿真及试验软件开发[D].重庆:重庆大学,2003.
[10] 邓海.浅谈软件开发中的架构设计[J].中国高新技术企业,2010(28):9-10.
[11] 王永泉,胡改玲,段玉岗,等.产出导向的课程教学:设计、实施与评价[J].高等工程教育研究,2019(3):62-68,75.

一个探索型有机化学实验
——水合茚三酮的制备

姜 爽,靳晓宁,张万东*

(天津大学 理学院,天津 300354;天津大学 化学化工国家级实验教学示范中心,天津 300354;
天津大学 化学化工国家级虚拟仿真实验教学中心,天津 300354)

摘 要:介绍一个探索型多步有机合成实验。以邻苯二甲酸二乙酯为原料,经过Claisen缩合、水解、脱羧、亚硝化、脱肟、还原、氧化等反应,再经重结晶,制备目标产物水合茚三酮。最后通过熔点测定、红外光谱、核磁共振对产物结构进行表征。实验包括回流、控温、过滤、重结晶、干燥、熔点测定、红外光谱和核磁共振图谱测试等基本操作。此实验设计不仅巩固了本科生在有机合成实验中的基本操作,而且培养了学生在应对多步有机合成反应中的综合实验能力。

关键词:邻苯二甲酸二乙酯;水合茚三酮;多步合成

中图分类号:G642.423

An Exploratory Organic Chemistry Experiment
——The Preparation of Ninhydrin

Jiang Shuang, Jin Xiaoning, Zhang Wandong*

(School of Science, Tianjin University, Tianjin 300354, China; National Demonstration Center for Experimental Chemistry & Chemical Engineering Education, Tianjin University, Tianjin 300354, China; National Virtual Simulation Experimental Teaching Center for Chemistry & Chemical Engineering Education, Tianjin University, Tianjin 300354, China)

Abstract: Synthesis of ninhydrin through a multistep reaction was developed as an organic chemistry laboratory experiment for upper-division undergraduate students. The bright yellow ninhydrin solid was synthesized using diethyl phthalate as the feedstock via a sequence organic process including Claisen condensation, hydrolysis, decarboxylation, nitrosation, deoxime, reduction, and oxidation. In this experiment, various hands-on experimental organic synthetic techniques, such as reflux, temperature control, filtration, vacuum drying, recrystallization were utilized. Moreover, melting point test, IR and NMR spectra were used to characterize the final product. The design of ninhydrin synthesis experiment is helpful to improve the fundamental operation capability and experimental skills of the upper-division undergraduate students.

Keywords: diethyl benzene-1,2-dicarboxylate; 2,2-dihydroxyindane-1,3-dione (ninhydrin); multistep synthesis

1 前言

茚酮类化合物广泛存在于天然产物[1-2]、合成的药物[3-4]、农药[5]、染料[6-7]及各种精细化学品中,具有广泛的用途。其中具有代表性的是茚三酮,它能与任何含有 α-氨基酸的物质发生显色反应,生成稳定的紫色物质——鲁赫曼紫,因此,可用于分析鉴定氨基酸、多肽、蛋白质等[8]。此外,茚三酮还被引入刑侦领域,用于显现渗透性客体上的汗潜手印,是目前应用广泛的指纹显现试剂[9-10]。

作者信息:姜爽,女,硕士,助工,主要从事有机化学实验教学与研究。E-mail:shuang.jiang@tju.edu.cn
通信作者:张万东,男,博士,高级工程师,从事生物材料的研究和有机化学实验教改工作。E-mail:zhangwandong@tju.edu.cn
基金项目:2020年天津市普通高等学校本科教学质量与教学改革研究计划项目(项目编号:B201005607)

传统的水合茚三酮制备方法是由邻苯二甲酸二乙酯与乙酸乙酯经环化、水解、脱羧制得茚-1,3-二酮,然后经二氧化硒氧化得水合茚三酮[11]。此工艺的缺点在于产率低,且二氧化硒易潮解、有毒、对人体有害、对环境有污染。本实验尝试由邻苯二甲酸二乙酯与乙酸乙酯经环化、水解、脱羧制得茚-1,3-二酮,然后对茚-1,3-二酮中亚甲基进行亚硝化,再水解制得水合茚三酮。该实验所需试剂便宜易得、实验操作简便、可重复性好,并且涉及熔点测定、红外光谱、核磁共振等表征环节,适合高年级的综合有机合成实验。此外,该综合实验可以拆分为5个独立的基础有机化学实验,每一步均可得到分离产品,也适用于基础有机化学实验教学。

2 实验目的

①掌握多步反应合成有机化合物的基本流程;②掌握Claisen酯缩合、酸性水解、热脱羧、亚硝化、脱肟、羰基还原、邻二醇氧化裂解等反应的原理和实验操作;③巩固回流、蒸馏、减压过滤、重结晶、干燥等基本操作;④熟悉有机化合物的结构表征方法,了解并掌握红外图谱和核磁图谱的解析。

3 实验原理

本实验以水合茚三酮为最终产物,涉及多种经典有机反应类型,与理论教学紧密相连,是对理论课知识的一次综合性实践,具体实验原理如下(见图1):①乙醇和金属钠反应制备乙醇钠,作为下一步反应的催化剂(反应式1);②邻苯二甲酸二乙酯和乙酸乙酯在乙醇钠的催化下发生Claisen酯缩合反应,生成茚-1,3-二酮-2-甲酸乙酯(反应式2);③在80 ℃酸性条件下,茚-1,3-二酮-2-甲酸乙酯发生水解反应和热脱羧反应,生成茚-1,3-二酮(反应式3);④以亚硝酸为亚硝化试剂,对茚-1,3-二酮的亚甲基进行亚硝化反应,生成2-亚硝基茚-1,3-二酮(反应式4);⑤2-亚硝基茚-1,3-二酮在酸性条件下水解脱肟,生成茚三酮(反应式5);⑥以连二亚硫酸钠为还原剂,将茚三酮还原成2-羟基茚-1,3-二酮,2-羟基茚-1,3-二酮在酸性条件下易发生Aldol羟醛缩合反应,立即生成还原茚三酮(反应式6);⑦在稀硝酸的作用下,还原茚三酮发生邻二醇的氧化裂解反应,生成茚三酮,茚三酮在水溶液中转化为水合茚三酮(反应式7)。

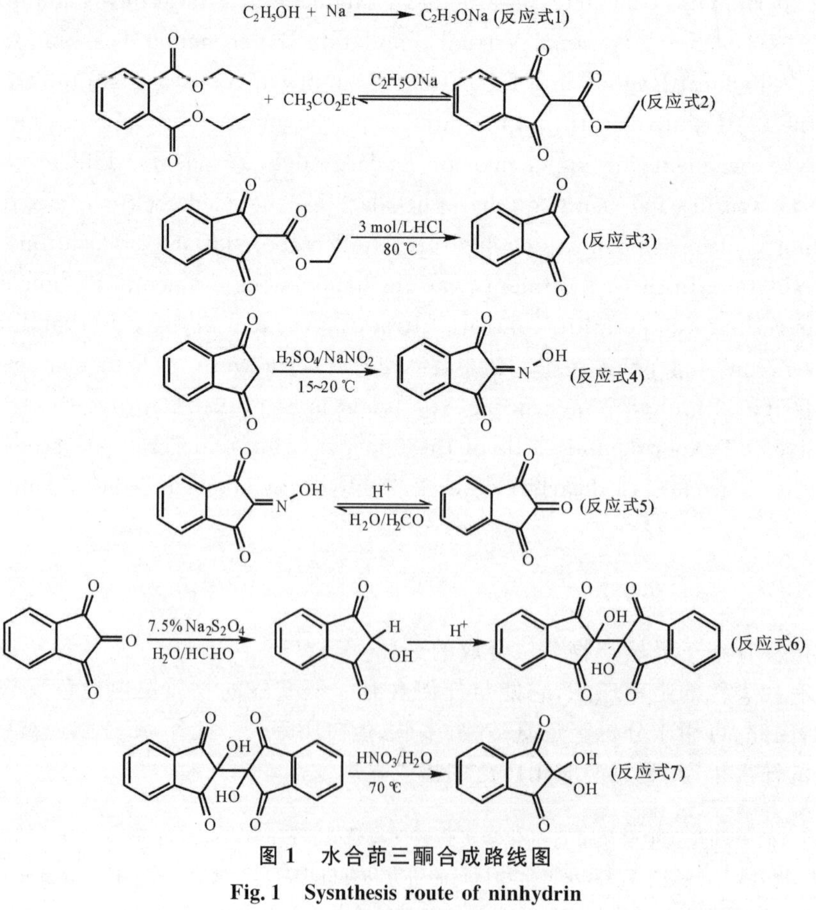

图1 水合茚三酮合成路线图
Fig. 1 Sysnthesis route of ninhydrin

4 实验仪器和药品

4.1 实验仪器

DZF-6050 型真空干燥箱(上海恒科学仪器有限公司),MD200-3 型精密电子天平(上海天平仪器厂),84-3 型磁力加热搅拌器(鄄城华鲁电热仪器有限公司),DF-101S 型集热式恒温加热磁力搅拌器(鄄城华鲁电热仪器有限公司),DH-202 型恒温干燥箱(天津市中环实验电炉有限公司),SHZ-D(Ⅲ)型循环水式真空泵(河南巩义市予华仪器有限责任公司),X-6 型显微熔点测定仪(北京泰克仪器有限公司),Brucker ALPHA-E 型红外光谱仪(德国 Brucker 公司),Ascend 400 型核磁共振仪(德国 Brucker 公司)。

4.2 实验药品

邻苯二甲酸二乙酯,金属钠,无水乙醇,乙酸乙酯,甲苯,甲醛溶液,亚硝酸钠,连二亚硫酸钠,硫酸,盐酸,硝酸。所有试剂均为市售分析纯,未经处理直接使用。

5 实验步骤

5.1 乙醇钠的制备

在干燥的 250 mL 三口瓶中,加入 70 mL 的无水乙醇和一枚搅拌子并搭建回流装置,冷凝管上方安装一个氯化钙干燥管,称取 4.7 g(0.20 mol)金属钠,迅速切成薄片,加入上述无水乙醇中,室温下,强烈搅拌,约需 20 min 后金属钠消失。稍冷,将制备的乙醇钠转移到恒压滴液漏斗中,备用。

5.2 茚-1,3-二酮-2-甲酸乙酯的制备

在干燥的 250 mL 三口瓶,加入 60 mL 乙酸乙酯、29 mL (0.15 mol)邻苯二甲酸二乙酯和一枚搅拌子,磁力搅拌下滴加上述的乙醇钠溶液,再继续搅拌 20 min。搭建普通蒸馏装置,边滴加乙酸乙酯边蒸馏,边观察温度计的示数,刚蒸馏时温度计显示 71 ℃ 左右,直到温度计的示数稳定在 77 ℃ 左右(约需 60 min),此时烧瓶中有大量黄色固体产生,撤去热源,稍冷,将混合物置于冰水浴中冷却,减压过滤,滤饼用大量的冷乙酸乙酯洗涤,真空干燥 1 h(50 ℃,1.33×10^3 Pa)得浅黄色的粉末状产品,14.1 g,本步产率 43.0%。用乙醇重结晶得浅黄色的针状晶体,m.p. 316~319 ℃。

5.3 茚-1,3-二酮的制备

在 250 mL 的圆底烧瓶中加入 100 mL 3 mol L^{-1} 的盐酸溶液和一枚搅拌子,再加入 7.5 g(34 mmol)的茚-1,3-二酮-2-甲酸乙酯,置于 80 ℃ 的油浴中,强烈搅拌,直到无气泡产生为止(约需 45 min),冰水浴冷却后抽滤,用冷水洗涤浅黄色的产品,真空干燥 1 h(50 ℃,1.33×10^3 Pa)得浅黄色的针状产品,4.2 g,本步产率 84.0%。用甲苯进行重结晶,得无色针状晶体,m.p. 129~131 ℃。

5.4 2-亚硝基茚-1,3-二酮的制备

在 250 mL 的圆底烧瓶中,加入 30 mL 乙醇,搅拌下加入 2.92 g (20 mmol)茚-1,3-二酮,溶解后,再加入 8 mL 1∶1(V∶V)稀硫酸溶液,在强烈搅拌下缓慢滴加 11 mL 30% 亚硝酸钠溶液(约需 20 min),控制反应温度 15~20 ℃,茚-1,3-二酮全部转化为细粉状 2-亚硝基茚-1,3-二酮,冰水浴冷却,减压过滤,滤饼用冷水充分洗涤,真空干燥 1 h(50 ℃,1.33×10^3 Pa)得土黄色的粉末状产品,3.3 g,本步产率 95.0%,m.p. 355~357 ℃。

5.5 粗茚三酮的制备

在 250 mL 的圆底烧瓶中,加入 15 mL 浓盐酸和 8.4 mL 37% 的甲醛溶液,强烈搅拌使混合物均匀并置于 15~20 ℃ 的冰水浴中,加入 3.5 g (20 mmol) 2-亚硝基茚-1,3-二酮,搅拌 2 h。

5.6 还原茚三酮的制备

在上述混合液中,加入 1.65 mL 37% 的甲醛、25 mL 7.5% 的连二亚硫酸钠溶液,强烈搅拌,立即析出沉淀,减压过滤,滤饼用水充分洗涤至母液 pH=5~7,收集滤饼,真空干燥 1 h(50 ℃,1.33×10^3 Pa),得浅灰色的粉末状产品,2.72 g,本步产率 82.5%,m.p. 248~252 ℃。

5.7 水合茚三酮的制备

在 100 mL 圆底烧瓶中,加入 10 mL 3mol L^{-1} 的硝酸,强烈搅拌下,加入 3.2 g(10 mmol)的还原茚三酮,并置于 70 ℃ 的水浴中,反应 40~50 min,反应中放出一氧化氮气体,溶液气泡膨胀,直至变薄,滤出少量不溶物,母液于冰水浴中冷却,减压过滤,滤饼用冷水洗涤,真空干燥 2 h(50 ℃,1.33×10^3 Pa),得浅黄色的粉末状产品,2.2 g,本步产率 61.1%。

5.8 水合茚三酮的纯化与表征

将干燥的粗品水合茚三酮按 1∶5 的重量比于水中重结晶,控制温度<70 ℃,如果需要可以加入少量活性炭脱色,母液置于冰水浴中长时间冷却,当尽可能多的晶体析出后,减压过滤,滤饼于干燥箱内真空干燥(50 ℃/1.33×10^3 Pa),得浅黄色晶体。

利用熔点测量仪对水合茚三酮的熔点进行测量,得 m.p.242~243 ℃,其中在 125~130 ℃ 时产品变红,与文献值相同[12]。采用 KBr 压片法测定了干燥后的水合茚三酮红外光谱,见图 2。谱图中,1 748 cm^{-1} 与 1 721 cm^{-1} 处的吸收峰归属于茚三酮分子中羰基的伸缩振动($\nu_{C=O}$);3 300 cm^{-1}、3 242 cm^{-1} 的吸收峰归属于羟基的伸缩振动(ν_{-OH});3 087 cm^{-1} 处的吸收峰归属于苯环上的碳氢伸缩振动(ν_{Ar-H});1 592~1 384 cm^{-1} 处的吸收峰为苯环碳骨架的振动峰($\nu_{C=C}$)。

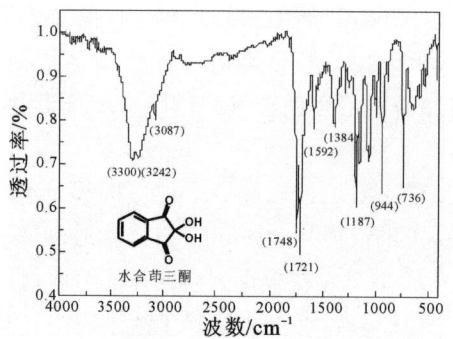

图 2 水合茚三酮的红外谱图
Fig. 2 IR spectrum of ninhydrin

^{1}H NMR 谱用 Ascend 400 型核磁共振仪测定,DMSO-d$_6$ 作溶剂,见图 3;氢谱中 δ 8.04×10^{-6} 为苯环上的 4 个氢发生的化学位移,δ 7.54×10^{-6} 为羟基上的 2 个氢发生的化学位移。^{13}C NMR(101 MHz,DMSO-d$_6$)用同样的核磁共振仪测定,DMSO-d$_6$(δ=40.0×10^{-6})作校准,见图 4。碳谱中 δ 197.51 为 2 个羰基碳、δ 138.95,137.71,124.35 为 6 个苯环碳,δ 88.08×10^{-6} 为连接羟基的碳。

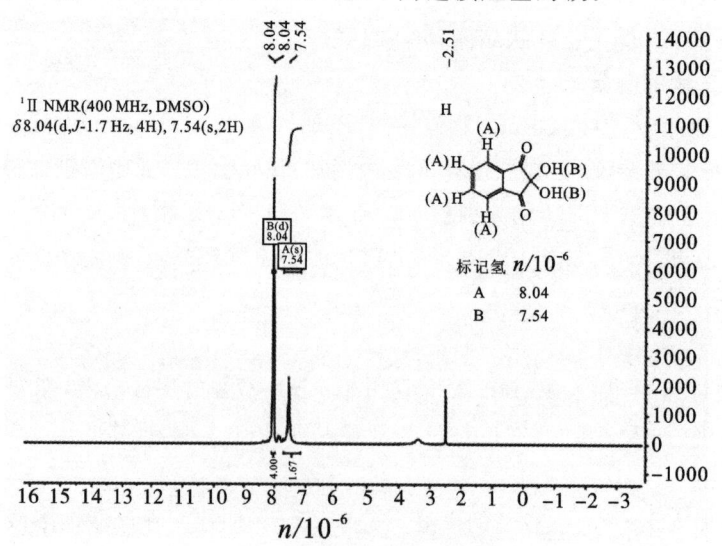

图 3 水合茚三酮的氢谱
Fig. 3 ^{1}H NMR spectrum of ninhydrin

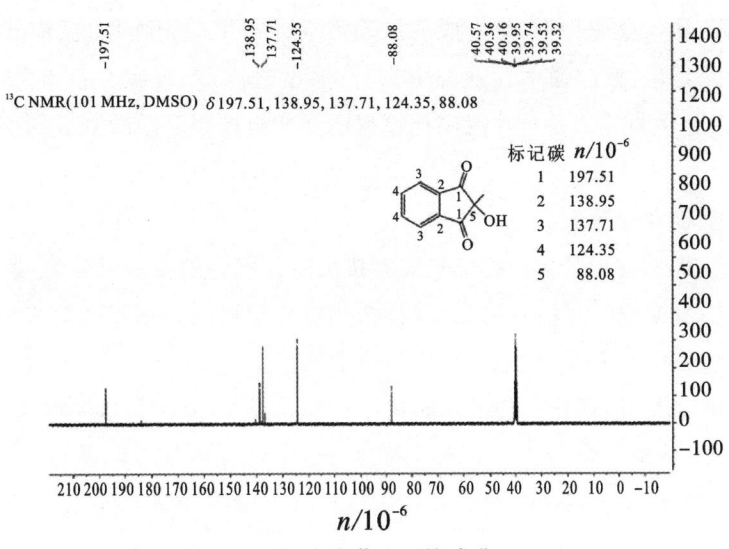

图 4 水合茚三酮的碳谱
Fig. 4 ^{13}C NMR spectrum of ninhydrin

6 结果与讨论

6.1 茚-1,3-二酮-2-甲酸乙酯的制备

由邻苯二甲酸二乙酯和乙酸乙酯在乙醇钠催化下的酯缩合反应是一个可逆反应(反应式2),反应速率较慢,为加快反应速率和提高产品收率,采取加入过量乙酸乙酯的措施,及时将生成的醇和乙酸乙酯以共沸物形式蒸出,促进反应向生成酯的方向移动。初始蒸馏时,温度计示数在71 ℃左右,此温度为乙醇与乙酸乙酯共沸物温度,共沸物在一个较低的温度即可被一起蒸馏出来,边滴加乙酸乙酯边蒸馏,随着乙醇与乙酸乙酯混合物蒸出,反应体系中乙醇含量不断减少,温度不断上升至77 ℃,此时乙醇全部蒸出,温度计示数为反应体系中乙酸乙酯的沸点,此时烧瓶内有大量黄色固体产生,即产物茚-1,3-二酮-2-甲酸乙酯。

6.2 茚-1,3-二酮的制备

本步实验中,茚-1,3-二酮是通过茚-1,3-二酮-2-甲酸乙酯的水解和脱羧制备的(反应式3),酯的水解是吸热反应,在加热过程中,反应物的温度在酯的沸点以下越高越好,但超过酯的沸点,会使得酯沸腾而蒸发,并且茚-1,3-二酮在较高温度下会发生聚合[13],因此本步实验选择水解温度为80 ℃。此外,无论是酸性条件还是碱性条件对酯的水解都有催化促进作用,但是酸或者碱应该保持适当的浓度,一般来说酸或碱溶液的浓度越大,酯水解反应的速度越快,但是如果酸或碱的浓度过大,速度过快很难对现象进行判断。因此本实验选择 3 mol L^{-1} 的盐酸为水解的催化剂。

羧基(-COOH)是有机化合物分子中较为常见的官能团,羧酸分子脱去羧基的反应即脱羧反应。温度是影响脱羧反应的主要因素,因为该反应条件是加热,一般来说温度越高对反应的促进越好,但是如果温度过高,则会导致碳链的断裂,特别是长链的脂肪酸和环烷酸。对于本实验,如果温度过高可能会得到茚二酮的聚合物。考虑到水解和脱羧同时进行,因此脱羧的温度也定为80 ℃。

6.3 2-亚硝基茚-1,3-二酮的制备

向有机物分子的碳或氮原子上引入亚硝基(-NO)的反应称为亚硝化反应。亚硝化反应常用的试剂是亚硝酸或亚硝酸异戊酯,起作用的是亚硝酰正离子NO$^+$。亚硝化是双分子亲电取代反应,它向芳环或其他电子云密度大的碳原子进攻,生成亚硝基化合物。

本步反应是茚二酮分子中亚甲基上的氢被亚硝基(-NO)取代的反应。用硫酸与亚硝酸钠制备的亚硝酸作为亚硝化试剂,在亚硝酸作用下,发生亲电取代的亚硝化反应。反应中,先将反应物溶于乙醇和硫酸中,再

将亚硝酸钠的水溶液逐滴加入反应物中,使生成的亚硝酸立即与反应物作用(反应式4)。由于亚硝酸的生成和亚硝化反应均是放热反应,反应通常在低温下进行,温度过高,不仅收率会下降,产品质量也会受到影响,本步实验控制温度在15~20 ℃,并且在亚硝化过程中要严格控制亚硝酸溶液的滴加速度,控制在20 min左右滴加完。

6.4 粗茚三酮的制备(交换反应)

脱肟反应是将肟再生为相应羰基化合物的重要有机反应。脱肟的方法可分为:酸性条件下水解脱肟,还原剂的作用下脱肟,氧化剂的作用下脱肟,电化学脱肟,生物化学脱肟。本步实验采用酸性条件下对2-肟基茚-1,3-二酮的水解,得到原来的羰基化合物,即茚三酮(反应式5)。

首先,2-肟基茚-1,3-二酮在酸催化条件下水解成茚三酮和羟胺,此步是可逆反应,为提高茚三酮的产率,需要加入甲醛,羟胺在酸催化下与甲醛反应生成甲醛肟。从反应结果看,2-肟基茚-1,3-二酮的脱肟反应是肟基与甲醛的交换,即在甲醛介入的情况下,整个反应向生成甲醛肟的方向进行,促进了整个反应的进行。

6.5 还原茚三酮的制备

醛或酮的还原是有机合成中的重要反应。醛、酮可由多种方法还原成醇,实验室中使用的还原剂包括硼氢化钠、氢化锂铝及异丙醇铝等。文献报道使用连二亚硫酸钠也能使樟脑、甲基环己酮及4-叔丁基环己酮等中的羰基还原成醇[14]。

本步实验采用连二亚硫酸钠对制备的茚三酮进行还原。连二亚硫酸钠($Na_2S_2O_4$)在酸性溶液中有很强的还原性,可以看作是一个"负氢"类型的还原剂,在对茚三酮的还原反应过程中,氢以负性试剂的功能对羰基进行亲核加成,生成2-羟基茚-1,3-二酮。而还原后的2-羟基茚-1,3-二酮,其化学性质非常活泼,在酸性条件下容易发生Aldol羟醛缩合反应,立即生成还原茚三酮(反应式6)。

6.6 水合茚三酮的制备

邻二醇断裂为相应的醛酮是重要的有机合成降解方法。最常用的氧化剂是高碘酸(Malaprade Glycol Oxidative Cleavage)、四乙酸铅(Criegee Glycol Oxidative Cleavage)或铬酸。但它们也存在一些缺点,如氧化剂本身价格昂贵,且与产物不易分离,重金属对环境有污染等。本步实验采用稀硝酸为氧化剂(反应式7),稀硝酸的优势在于价廉易得,与还原茚三酮的反应条件温和,产物经冷却即可分离。稀硝酸被还原为一氧化氮。

6.7 教学实施

本实验是一个多步有机合成反应,建议24学时完成,其中有机合成20学时、分析测试4学时。由于实验综合性较强,可安排多人分组进行实验,具体安排如下:

(1)1~8学时:乙醇钠的制备、茚-1,3-二酮-2-甲酸乙酯的制备、茚-1,3-二酮的制备。

(2)9~16学时:2-亚硝基茚-1,3-二酮的制备、粗茚三酮的制备、还原茚三酮的制备。

(3)17~20学时:水合茚三酮的制备及纯化。

(4)21~24学时:水合茚三酮的表征及结构确证。

本实验既可用于高年级综合实验教学,也可应用于低年级基础有机实验教学。在实际教学实践中,可根据需求,将本实验拆分为5个独立的基础实验(即反应式1~2,反应式3,反应式4,反应式5~6,反应式7),每个实验建议4学时完成。

7 结论

该实验涵盖Claisen酯缩合、酸性水解、热脱羧、亚硝化、脱肟、羰基还原、邻二醇氧化裂解反应等知识点,涉及回流、温度控制、减压过滤、真空干燥、重结晶等基本操作,和熔点测定、红外光谱、核磁共振等现代化仪器的使用。本实验将基础有机化学的基本操作与表征相结合，既巩固了学生的实验操作技能，又拓展了数据处理与分析的能力，提高了学生综合实验技能。

参考文献

[1] Wessig P, Teubner J. Total synthesis of pterosines B and C via a photochemical key step[J]. SYNLETT, 2006(10): 1543-1546.

[2] Nagle D G, Zhou Y D, Park P U, et al. A new indanone from the marine cyanobacterium Lyngbya majuscula that inhibits hypoxia-induced activation of the VEGF promoter in Hep3B cells [J]. Journal of Natural Products, 2000, 63 (10): 1431-1433.

[3] Sheng R, Xu Y, Hu C Q, et al. Design, synthesis and AChE inhibitory activity of indanone and aurone derivatives[J]. European Journal of Medicinal Chemistry, 2009, 44(1): 7-17.

[4] Leoni L, Hamel E, Genini D. Indanocine, a microtubule-binding indanone and a selective inducer of apoptosis inmuhidrug-resistant cancel cells[J]. Journal of the National Cancer Institute, 2000, 92(3): 217-224.

[5] Tu S J, Jiang B, Jia R H, et al. An efficient and expeditious microwave-assisted synthesis of 4-azafluorenones via a multi-component reaction[J]. Tetrahedron Letters, 2007, 48(8): 1369-1374.

[6] El-azhary A A. A DFT study of the geometries and vibrational spectra of indene and some of its heterocyclic analogues, benzofuran, benzoxazole, bensothiophene, benzothiazole, indole and indazole [J]. Spectrochimica Acta Part A: Molecular and Biomolecular Spectroscopy, 1999, 55(12): 2437-2446.

[7] Borin A C, Serrano-andres L. An ab initio study of the low-lying $^1A'$ electronic states of indene[J]. Journal of Molecular Structure: THEOCHEM, 1999, 464(13): 121-128.

[8] Friedman M. Applications of the ninhydrin reaction for analysis of amino acids, peptides, and proteins to agricultural and biomedical sciences[J]. Journal of Agricultural and Food Chemistry, 2004, 52(3): 385-406.

[9] Jelly R, Patton E, Lennard C, et al. The detection of latent fingermarks on porous surfaces using amino acid sensitive reagents: a review[J]. Analytica Chimica Acta, 2009, 652(1-2): 128-142.

[10] 袁传军. 茚三酮在潜指纹显现与增强中的原理与应用[J]. 化学教育, 2019, 40(20): 13-17.

[11] Teeters W O, Shriner R L. A New Preparation of Ninhydrin[J]. Journal of the American Chemical Society, 1933, 55(7): 3026-3028.

[12] Heffner R J, Joulli M M. Synthetic Routes to Ninhydrins. Preparation of Ninhydrin, 5-Methoxyninhydrin, and 5-(Methylthio) Ninhydrin[J]. Synthetic Communications, 1991, 21(21): 2231-2256.

[13] Gruen H, Norcross B E. A modification and extension of an elementary preparation of ninhydrin[J]. Journal of Chemical Education, 1965, 42(5): 268-268.

[14] Krapcho A P, Seidman D A. The stereochemistry of sodium dithionite reductions of cyclic ketones[J]. Tetrahedron Letters, 1981, 22(3): 179-180.

基于FPGA的千兆网传输系统的设计与实现

张翠翠[1,2]，刘星宇[1]，王中方[1,2]，张世娇[1,2]

(1 西安交通大学 信息与通信工程学院，陕西 西安 710049；
2 西安交通大学 通信与信息系统国家级虚拟仿真实验教学中心，陕西 西安 710049)

摘 要：针对全国大学生电子设计竞赛中的高速数传类题目的目标要求，设计了基于FPGA的千兆以太网传输系统。该系统使用FPGA+GPHY的结构，以UDP协议为例，设计实现了FPGA中GMII收发控制逻辑。经与PC组合的测试系统测试，该FPGA传输系统传输速度高、延时小，且结构清晰、逻辑简洁、易于实现，为高速数据传输提供了一种可选的参考方案。

关键词：全国大学生电子设计竞赛；FPGA；千兆以太网；UDP；GMII

中图分类号：G642.423

Design and Implementation of Gigabit Network Transmission System Based on FPGA

Zhang Cuicui, Liu Xingyu, Wang Zhongfang, Zhang Shijiao

(The School of Electronic and Information Engineering, Xi'an Jiaotong University, Xi'an 710049, Shaanxi, China)

Abstract: In order to meet the requirement of high-speed data transmission in the National Undergraduate Electronic Design Contest(NUEDC), we designed a Gigabit Ethernet transmission system based on FPGA. The system uses the structure of FPGA and GPHY, and use UDP protocol to design and implement the GMII transceiver control logic in the FPGA. Tested by the system combined with PC, the FPGA transmission system has several advantages, such as high transmission speed, small delay, clear structure, concise logic and easy implementation, which provides an optional solution for high-speed data transmission.

Keywords: NUEDC; FPGA; Gigabit Ethernet; UDP; GMII

1 前言

全国大学生电子设计竞赛是教育部与工业和信息化部共同发起的大学生学科竞赛[1]，涉及专业有电力电子、电子信息、机械工程等。2019年全国共有1 109学校、17 313支代表队、52 000名学生参赛，是一场大学生的科技活动盛事。

比赛以命题式、半封闭的形式进行。要求学生3人1组从给定的题目中选择1个题目，在4天3夜内设计出一个完整的电路系统，由专家组对系统进行测评，部分高校对获得国奖的学生给予免试保研资格。要完成赛题的电路系统，学生需掌握MCU/FPGA/DSP等嵌入式系统设计、具备模电/数电等电路、控制系统相关设计基础等知识。

全国大学生电子设计竞赛组织委员会秘书处自2017迁入西安交通大学后，西安交大信通学院承办了2017、2018的全国复赛。其间，学生观摩了来自全国的优秀作品，积累了经验。

作者信息：张翠翠，女，硕士，工程师，主要从事FPGA/MCU电子系统设计方面的研究。E-mail:zhangcuicui@xjtu.edu.cn

基金项目：国家自然科学基金面上项目(6197010800)；西安交通大学本科实践教学改革研究专项项目(18XJZX15)

电子设计竞赛的题目中,数据采集和传输类题目几乎每年都会有。随着电子技术的迅速发展,此类题目对数据的采集和传输速度要求越来越高。例如2019年的E题"基于互联网的信号传输系统",需使用高速ADC和千兆以太网才能完成题目要求。这使得成熟的、基于MCU+低速串行ADC+百兆网PHY的解决方案行不通,需设计针对FPGA的高速数据采集和千兆网传输方案。

基于MCU的网络传输方案较多也很成熟,如MCU+MAC+PHY的方案以及MCU+PHY的方案。MCU+PHY的方案中,可使用集成MAC的MCU,如STM32F107[2]。此外,针对MCU,有丰富的TCP/IP协议栈源码例程。

基于FPGA网络传输的系统实现则较为复杂,目前有针对MAC层的网络控制器IP核,通用性强,但接口及配置复杂且占用资源多。本文设计的FPGA千兆网数传系统采用FPGA+PHY的方案[3-4],使用Verilog硬件描述语言简化设计,结构清晰、逻辑简洁、易于实现,可作为参考。

2 整体方案设计

设计中基于Cyclone IV FPGA芯片实现设备与PC之间的千兆网通信。整体方案如图1所示,设备由FPGA和千兆物理层(GPHY:gigabit port physical layer)芯片组成。FPGA负责MAC层(包含MAC层)以上的网络协议层处理,FPGA和GPHY之间的数据传输使用GMII(Gigabit MII)千兆介质无关接口[5]。

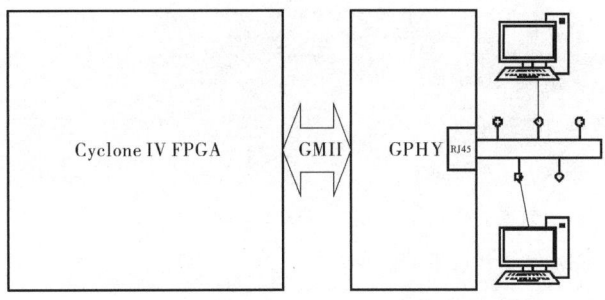

图1 FPGA千兆网数传系统方案设计

Fig. 1 Design of the FPGA Gigabit network transimission system

2.1 GPHY物理层芯片选择

GPHY采用Realtek公司的RTL8211EG以太网GPHY芯片[6],其具有10/100/1 000 Mbits/s自适应的特性(通过上电时自动检测特定的IO电平状态来确定工作模式),由单电源供电5 V,功耗为0.5 W左右。

2.2 FPGA芯片选择

FPGA采用ALTERA公司的Cyclone IV系列芯片,型号为EP4CE6F17C8,是256脚的FBGA封装,包含有6 272个逻辑单元和270 Kbits的内部存储。其主要资源及参数如表1所示。

表1 Cyclone IV EP4CE6F17C8芯片参数

Tab. 1 Cyclone IV EP4CE6F17C8 chip parameters

参数	数值	单位
逻辑单元	6 272	—
内存	270	Kbits
乘法器	15	—
全局锁相环	2	—
时钟单元	10	—
最大可用IO数量	179	—
内核电压	1.15～1.25	V
工作温度	0～85	℃

2.3 千兆以太网接口GMII

在IEEE 802.3中,定义MII(media independent interface)总线是一种用于将不同类型的PHY与网络控制器(MAC)相连接的通用总线。网络控制器可以用同样的硬件接口与任何PHY进行连接,因此将MII

称为介质无关接口或媒体独立接口,是 MAC 和 PHY 之间的以太网标准接口。

MII 包括数据接口和管理接口。数据接口包括发送和接收端口,发送和接收端口都有自己的数据、时钟和控制信号。管理接口是上层用来监视和控制 PHY 的数据接口。

MAC 和 PHY 之间的接口还有 RMII、SMII、GMII,都是以 MII 为基础,区别是数据位宽和时钟速度不同,使得在做设计时 IO 数目和时钟速率可以更灵活,以适配不同的网络传输速率 10/100/1 000 Mbits/s。其中,RMII、SMII、MII 均支持 10/100 Mbits/s 的网络传输速率,GMII(Gigabit MII)支持 1 000 Mbits/s 千兆传输速率。

GMII 采用 8 位接口数据,工作时钟 125 MHz,传输速率可达 1 000 Mbps,同时兼容 MII 规定的 10/100 Mbits/s 工作方式。GMII 接口定义遵循 IEEE 802.3-2000[7]。GMII 的接口信号定义如表 2 所示。主要分为 3 类:发送接口、接收接口、配置接口。

表 2 GMII 接口信号列表
Fig. 2 List of GMII interface signal

信号名称	释义
GTXC	1 000 Mbits/s 速率下的发送时钟信号,125 MHz
TXC	10/100 Mbits/s 速度下的发送时钟信号,25 MHz/2.5 MHz
TXD[7:0]	发送的并行数据
TXEN	发送使能信号
TXER	发送错误标记信号
RXC	接收时钟信号
RXD[7:0]	接收的并行数据
RXDV	接收数据有效指示信号
RXER	接收数据错误指示信号
COL	冲突检测,用于半双工状态
MDC	用于管理配置的时钟信号
MDIO	用于管理配置的数据信号

注:在千兆速率下,MAC 向 PHY 提供 GTXC 信号,TXD、TXEN、TXER 信号与此时钟信号同步。在 10/100 Mbits/s 速率下,由 PHY 提供 TXC 时钟信号,其他信号与此信号同步。其工作频率为 25 MHz(100 Mbits/s)或 2.5 MHz(10 Mbits/s)。

本设计中 FPGA 与 GPHY 芯片间的 GMII 信号连接如图 2 所示,从上至下分别是管理配置接口、接收信号接口、发送信号接口。因是千兆网传输,所以发送接口中使用 GTXC 信号。

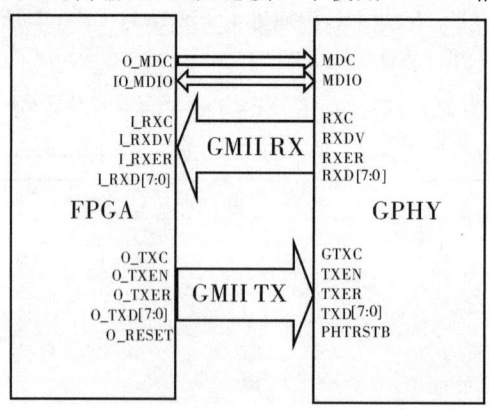

图 2 FPGA 和 GPHY 之间的 GMII 信号连接
Fig. 2 Signal connection of FPGA and GPHY

3 FPGA 中千兆网控制器的设计与实现

设计中使用 UDP[8](user datagram protocol,用户数据报协议)进行数据传输。UDP 数据包格式及封装解封装过程如图3所示。UDP数据包在MAC层的以太网帧由前导码、目的MAC地址、源MAC地址、类型、IP首部、UDP首部、数据载荷、FCS(校验)组成[9]。一般情况下，MAC层的前导码是由7个0x55,1个0xD5字节组成，表示一个以太网帧传输的开始。

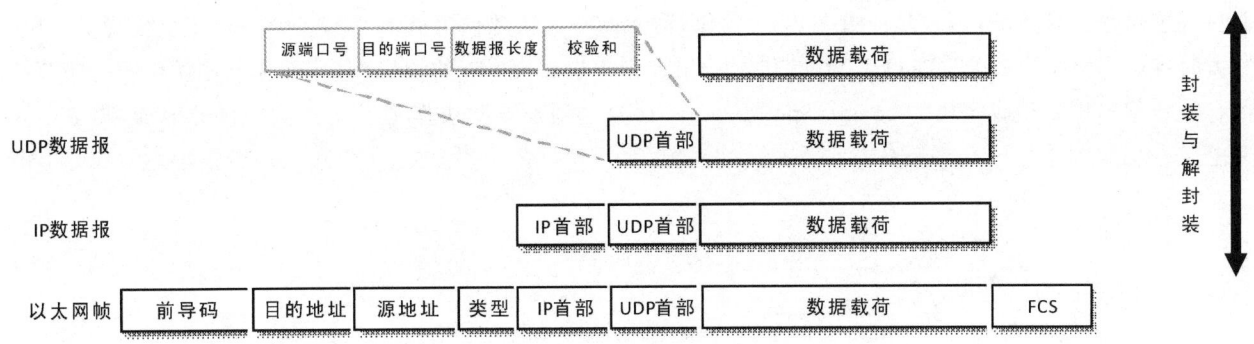

图 3 以太网帧的封装与解封装

Fig. 3 Encapsulation and decapsulation of the Ethernet frame

3.1 顶层设计

FPGA中的顶层逻辑框图如图4所示，包含千兆网接收模块、发送模块、应用模块和配置模块。配置模块负责配置设备自身的IP、端口号及对GPHY的相关配置；接收模块负责对接收的以太网数据包进行包过滤、拆包处理后得到有效数据送到应用层处理；发送模块将应用层的数据包组织和封装成以太网包后发送给GPHY[10]。本设计中，为了便于测试，应用层做的事情是将收到的数据载荷转发回去。

3.2 接收模块

接收模块完成对网络数据包的识别和选择性接收，并将MAC层的数据包拆包处理后将有效数据载荷输出到应用模块。接收模块的端口信号如图5所示。左侧的输入信号来自GPHY的GMII RX接口和来自配置模块的设备IP、MAC、端口号。右侧信号输出到应用模块。其中pc_mac、pc_ip、pc_port是从PC发来的包中解析出来的PC的MAC、IP和PORT，用来在发包时作为目的地址；data_i是接收到的数据载荷，data_i_valid为高时data_i有效，data_error是数据错误标记。

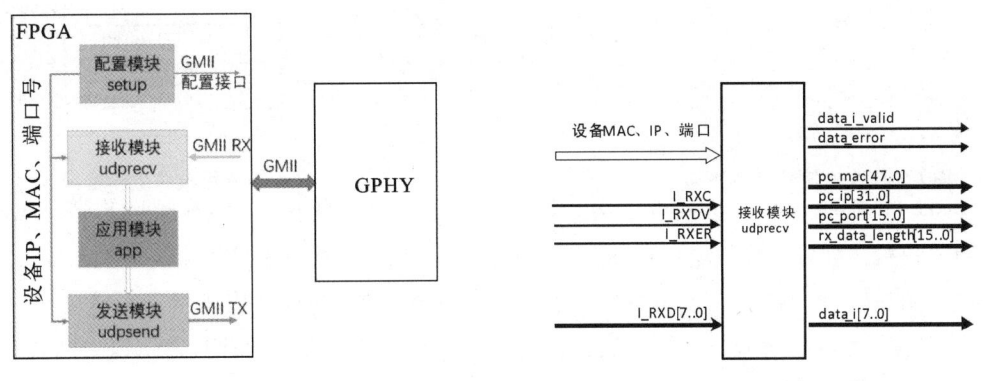

图 4 FPGA顶层逻辑框图　　　　图 5 接收模块端口信号

Fig. 4 Diagram of the FPGA top-level　　Fig. 5 Receive module port signals

接收模块的时钟信号为GMII RX中的接收时钟I_RXC。当I_RXDV为高时，开始接收以太网数据包，每次时钟上升从I_RXD[7:0]获得包数据。先对数据包进行前导码匹配和目的MAC匹配，之后接收完首部数据后开始接收数据载荷，此时data_i_valid置高，同时data_i[7:0]输出数据载荷。有效数据长度将通过rx_data_length[15:0]信号输出。接收模块的状态转移图如图6所示。其中，8个状态分别为idle(空闲)、recv Preamble(前导码接收匹配)、recv MAC(MAC接收匹配)、recv Header(首部接收)、recv Data(数据载荷接收)、recv FCS(FCS接收)、recv Error(接收错误)。

3.3 应用模块

应用模块主要是将收到的数据存储,并在发送模块空闲时将接收到的数据发给发送模块。应用模块逻辑框图和接口信号如图 7 所示。其中,用一个双口异步 fifo 解决收发两端的异步时钟读写问题。fifo 的数据写入逻辑来自接收端,写入时钟由 I_RXC 提供,写入的 9 比特数据由 data_i 和 data_error 组合提供。fifo 的读时钟由 GMII 的发送时钟 O_TXC 提供。读出控制模块负责 fifo 的读操作,并配合发送模块的时序节拍将有效数据输出。接收模块的 pc_mac、pc_ip、pc_port 直连到发送模块作为发送模块的目的地址,图 7 中未画出。

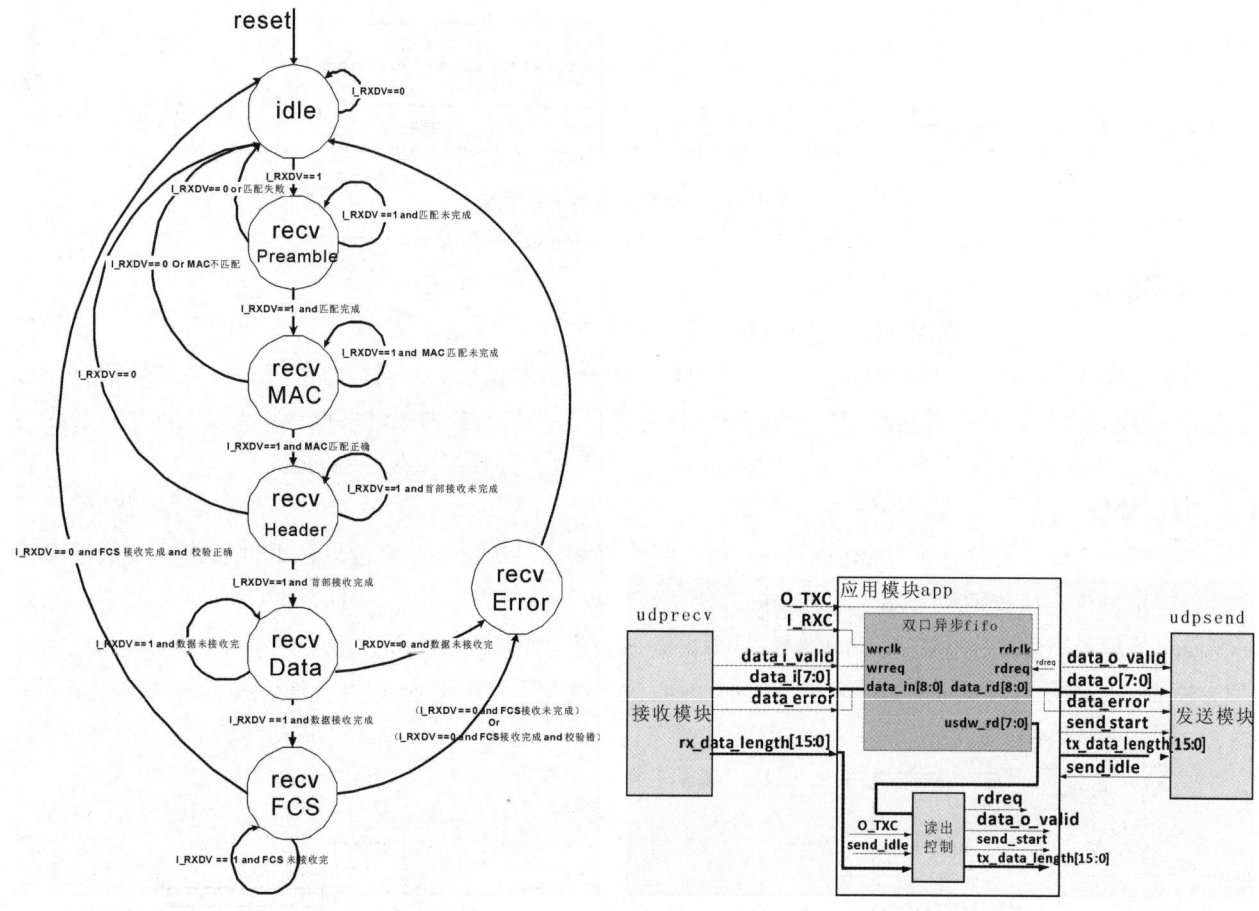

图 6　接收模块状态转移图
Fig. 6　Receive module state transition diagram

图 7　应用模块逻辑框图
Fig. 7　Logic diagram of application module

读出控制模块检测到发送模块空闲(send_idle 有效),同时 fifo 中的剩余数据个数 usdw_rd 不为 0 时,启动发送模块开始发包(置 send_start 有效),并内部启动一个计数,当计数值指示发送模块准备好接收有效数据载荷时,启动 fifo 读(置 rdreq 有效)。发送模块准备好接收有效数据的计数值由以太网帧(见图 3)数据载荷前要发送的所有首部的字节个数决定,并根据 fifo 的读出延迟微调。

3.4 发送模块

发送模块组织和发送以太网帧到 GMII TX 接口上。其端口信号图如图 8 所示。左侧为来自配置模块的设备 MAC、IP 和端口号,来自应用模块的有效数据,来自发送模块的目的 MAC、IP 和端口号。右侧为 GMII TX 信号。

发送模块的时钟信号由本地锁相环产生 125MHz,同时该信号作为 GMII TX 中的发送时钟所以命名为 O_TXC。发送模块根据应用模块发来的 send_start 信号开始组帧和发帧,发送以太网帧的过程中置 send_idle 无效,空闲态 send_idle 有效。发送模块的状态转移图如图 9 所示,其中有 idle(空闲)、send Preamble(发送前导码)、send Header(发送首部)、send Data(发送数据)、send FCS(发送帧检验序列)5 个状态。

实 验 技 术 与 方 法

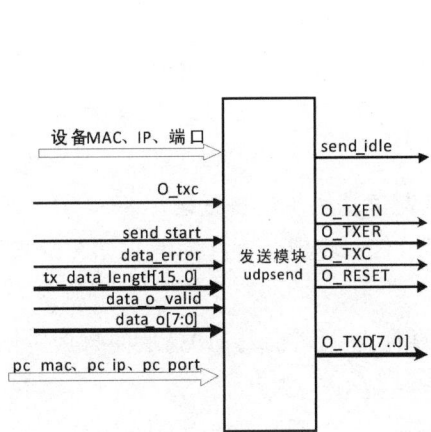

图 8 发送模块端口信号

Fig. 8 Sending module port signal

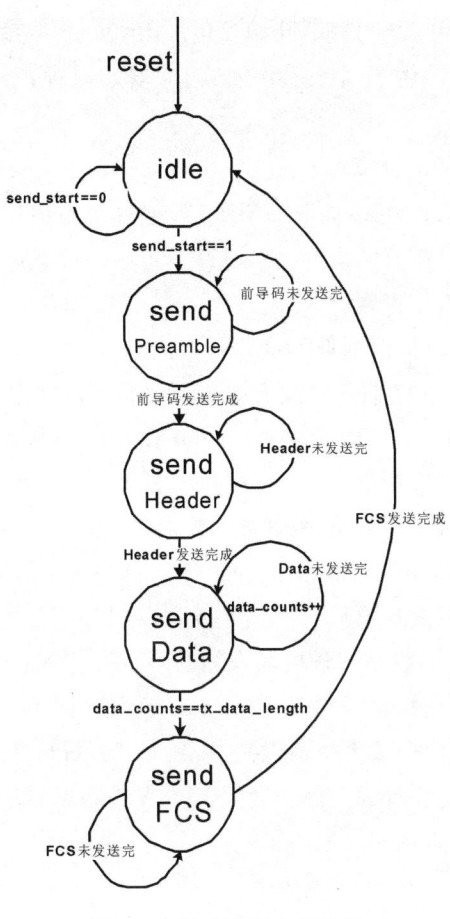

图 9 发送模块状态转移图

Fig. 9 State transition diagram of sending module

4 系统调试

系统调试时使用该设备与 PC 通过千兆网网线连接，PC 上设置 IP 为 192.168.1.4，FPGA 上设置 IP 为 192.168.1.3。PC 上使用网络调试助手向 FPGA 千兆网数传设备发包，FPGA 上通过 signaltap 在线调试、抓取波形。调试系统如图 10 所示。

PC 上网络调试助手设置 UDP 连接，设置目标 IP 和端口号。设置界面如图 11 所示。

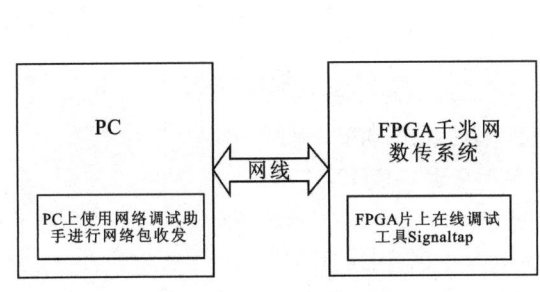

图 10 调试系统

Fig. 10 Debug system

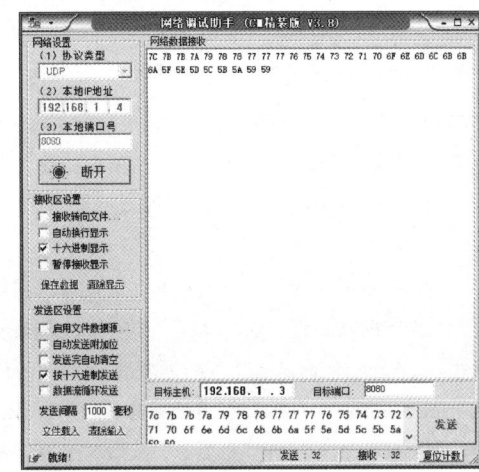

图 11 网络调试助手设置界面

Fig. 11 Setting interface of network debugging assistant

— 63 —

调试助手设置好后,开始发包。FPGA数传系统通过signaltap进行在线调试,调试按照数据包流向一步一步调试。由于本设计中存在2个异步时钟,所以在用signaltap调试时要注意设置好捕获时钟。具体调试步骤如下:

(1)调试接收模块。

使用Signtaltap抓取GMII RX接口上的信号,查看接收到的以太网帧的数据包是否正确。如图12所示,在I_RXDV为高期间,I_RXD上传输一帧数据中,以前导码0x55开始。FPGA收到正确的以太网帧,说明PGHY工作正常。

图12中,同时抓取了接收状态机recv_state,recv_state根据对太网帧的拆包处理进入不同的状态,其中recv_state=7表示接收有效载荷状态。该状态下data_i_valid置高输出。

注:为方便表示,图6中的状态转移图将前导码接收和匹配合为一个状态,将MAC接收和匹配合为一个状态。

(2)调试应用模块

同样,用signaltap抓取应用模块输出到发送模块的接口信号调试和纠错应用模块的设计,必要时抓取应用模块内部信号辅助调试。

(3)调试发送模块

Signaltap抓取发送模块右侧的GMII TX接口数据,调试发送模块的逻辑正确性。GMII TX上发送正确的以太网数据包,经过GPHY,PC会收到数据。如图11所示,PC收到了自己发给FPGA的数据。至此,FPGA千兆网传输系统调试完成,证明了设计的正确性。

此外,还设计和测试了2块FPGA千兆网传输系统之间的通信。经测试,MAC层的数据传输速度在全双工模式下可达960 Mbits/s。

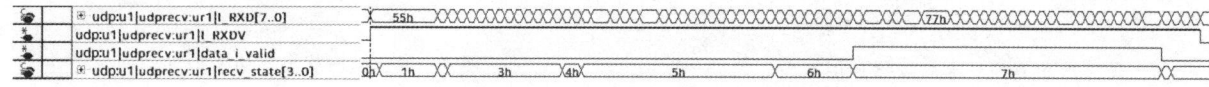

图12 SignalTap调试结果

Fig. 12 SignalTap debug results

5 结束语

本文设计了基于FPGA的千兆网传输系统,在FPGA+GPHY的结构下,设计并实现了FPGA内GMII接口控制器的收发。经调试测试,证明了系统设计的正确性。该设计结构清晰、逻辑简洁,并且文中给出了具体的调试测试方法和步骤,有较大参考价值。

参考文献

[1] 朱文杰,林旭梅,马兆兴,等.仿真技术助力全国大学生电子设计竞赛[J].实验室研究与探索,2019,38(1):104-107.

[2] 熊斯鹏,陈广辉,高林,等.基于STM32单片机动力环境监控终端的设计与实现[J].电子世界,2019,42(21):124-125.

[3] 甄国涌,王琦,焦新泉,等.基于千兆以太网高速数据记录器传输接口IP核设计[J].仪表技术与传感器,2019,56(10):39-44.

[4] 成雅丽,李锦明,成乃朋.基于FPGA与千兆以太网的测试系统设计[J].实验室研究与探,2019,38(6):115-119.

[5] 王禹衡.基于FPGA的10G以太网UDP/IP处理器视频传输接口设计[D].沈阳:沈阳工业大学,2018.

[6] 朱习松,赵霖,卢礼兵.基于FPGA的千兆以太网硬件系统实现[J].电子质量,2017(12):21-24.

[7] IEEE Standard for Information Technology-LAN/MAN-Specific Requirements -Part 3: Carrier Sense Multiple Access with Collision Detection (CSMA/CD) Access Method and Physical Layer Specifications[S]. IEEE Std 802.3, 2000.

[8] 郑天宇,尹达一.千兆UDP/IP协议栈FPGA实现及其在高速成像系统中的应用[J].现代电子技术,2018,48(18):1-5.

[9] 彭赟,刘志雄,刘晓莉.TCP/IP网络体系结构分层研究[J].中国电力教育,2014(15):38-39.

[10] 于东英,王才能,张磊.基于国产FPGA的简易千兆以太网交互系统设计[J].通信技术,2019,52(8):2050-2053.

不同固定液对组织化学冰冻切片效果的影响

张志勤[1],王宏元[2],吴 臻[1]

(1 陕西师范大学 基础实验教学中心,陕西 西安 710062;
2 陕西师范大学 生命科学学院,陕西 西安 710062)

摘 要:本研究以实验动物的肝组织为材料选择10种不同的固定液,观察比较其对组织化学冰冻切片的影响,为组织化学实验做出高质量的冰冻切片提供实验基础。取实验动物的肝组织,冰冻切片后分别用10种固定液进行固定,然后进行糖组织化学染色,观察各组的细胞组织结构形态,细胞核、细胞质染色和核质对比度,以及结构清晰度等情况。结果表明,10种固定液都可用于固定肝组织化学冰冻切片,但通过镜下观察形态、染色效果、核浆对比度及结构清晰度各有差异。4%甲醛、4%多聚甲醛、4%中性甲醛等效果较好,配制简便,宜继续使用。AF固定液、Carnoy固定液,可酌情使用。AAF、AFA、EAF固定液及Bouin固定液,均可不再使用。甲醇效果较好,且无须配制、价格便宜、使用方便,宜普遍使用。

关键词:冰冻切片;固定液;组织化学

中图分类号:G642.423

Comparative Study on Ten Different Fixation Solutions Effects on Histochemistry Staining

Zhang Zhiqin[1], Wang Hongyuan[2], Wu Zheng[1]

(1 Basic Experimentel Teaching Center, Shaanxi Normal University, Xi'an 710119, Shaanxi, China;
2 College of Life Science, Shaanxi Normal University, Xi'an 710119, Shaanxi, China)

Abstract: Ten different fixation solutions were used to animal liver tissue in order to reveal their effect on immunohistochemistry. Our study can provide valuable information to improve high quality experiment section. Animal liver tissue were fixed using ten different fixation solutions, and liver cell were stained by histochemistry methods. The morphology of liver cell were recorded by microscope. The results showed that all of ten different fixation solutions can be used to fix animal liver tissue. According to the results of liver cell morphology, 4% formalin and 4% paraformalin and 4% neutral formalin have better effect, then the AF fixation solution and Carnoy fixation solution could be appropriately used, and AAF, AFA, EAF fixation、Bouin fixation solution should not be used. 4% formalin is the best fixation solution, which can easily obtained and conveniently used.

Keywords: frozensections; tissue fixation; histochemistry

1 引言

冷冻切片是组织化学和免疫组织化学中最常用的制片技术,它是借助恒温冷冻切片机使组织快速冷却并达到合适硬度时进行切片而制成切片的技术。其组织可不经任何处理,故组织中的糖、脂类、酶、抗原和抗体等化学成分不受影响而得以完整保存。这一技术普遍应用于糖、脂类、酶、抗原抗体等定性定量检测。在组织化学实验中由于检测目的成分不同,所用固定液也有所不同。制作冰冻切片一般比普通石蜡切片的要求要高、难度也大,因而较难掌握。在冰冻切片时还存在切片容易碎裂、不易切成薄片及染色时易脱片等问题[1]。为了制成高质量的冰冻切片,就必须对冰冻切片的关键环节进行研究,本研究以肝组织为材料,研究

作者信息:张志勤,男,高级实验师,硕士,主要研究方向为组织解剖学及细胞生物学。E-mail:zhangzhiqin@snnu.edu.cn
基金项目:陕西师范大学实验技术研究项目(项目编号:syjs2013020)

10种不同固定液对冰冻切片质量的影响,以期筛选出适宜肝组织化学的固定液,为学生实验制作高质量冰冻切片奠定基础。

2 材料与方法

2.1 材料

选用学生实验常用的实验动物如鸡、兔、白鼠等活体肝组织为实验材料,用德国莱卡 CM1510-1 型恒冷切片机或美国热电 Themo scientific 型恒冷切片机冰冻切片,切片厚度 8~10 μm。

2.2 固定液及配法

4%的甲醛(40%的甲醛 10 mL、蒸馏水 90 mL)、4%的中性甲醛(40%的甲醛 10 mL、蒸馏水 90 mL、磷酸二氢钠($NaH_2PO_4 \cdot H_2O$)0.4 g、磷酸氢二钠(Na_2HPO_4)0.65 g)、4%的多聚甲醛(40%的多聚甲醛 10 mL、蒸馏水 90 mL)、AF 液(95%的乙醇 90 mL、40%的甲醛 10 mL)、AAF 液[2](95%的乙醇 85 mL、40%的甲醛 10 mL、冰醋酸 5 mL)、AFA 液[2](95%的乙醇 95 mL、40%的甲醛 5 mL、冰醋酸 1 mL(用前加入))、EAF 液[3](无水乙醇 85 mL、冰醋酸 5 mL、40%的甲醛 10 mL)、Carnoy 液(无水乙醇 60 mL、冰醋酸 10 mL、氯仿 30 mL(或无水乙醇:冰醋酸=3:1))、Bouin 液(饱和苦味酸液(0.9%~1.2%)75 mL、甲醛 25 mL、冰醋酸 5 mL)、甲醇等。固定时间 20 min。

2.3 方法

2.3.1 取材及切片

取材大小为 1.0 cm×1.0 cm×0.5 cm(长×宽×高)。取材后迅速取出组织块擦干水分,再在组织块上均匀涂 OCT 包埋剂少许放入冷冻箱冷冻台,待包埋剂稍冻结后取出,把组织块待切面朝上放在包埋剂上面的中央,再涂适量包埋剂覆盖于组织上,迅速置恒温冷冻切片机冷冻台并用冷冻锤使其快速冷却(2~3 min)到 -18~-20 ℃。然后把组织块装在切片机的冷冻头上,修出平面后切片,切片厚度 8~10 μm。每个标本连续切片 30 张。

2.3.2 固定及染色

每个标本连续切片均粘片于 APES 处理的载玻片上,自然风干,不同固定液分别取 3 张固定 20 min,自来水充分水洗后按糖组织化学染色方法染色(5%过碘酸水溶液 5 min→自来水洗 3 min→入 Schiff 试剂染色 20 min→自来水洗 20 min→入苏木精复染 5 min→自来水洗→入 1%盐酸酒精分色 2~10 s),梯度酒精脱水,二甲苯透明,中性树胶封固。显微镜下观察比较 10 种固定液的固定效果。

3 结果

切片制作完毕,通过在显微镜下观察 10 组不同固定液切片的细胞形态、细胞核染色、细胞质染色、核浆对比情况及结构清晰度等。结果见表 1。

表 1 10 种固定液对冷冻组织切片固定效果比较

Tab. 1 Comparison of the fixation effect of 10 fixative solution on frozen section

固定液	细胞形态	核形态	核染色	浆染色	核浆对比度	结构清晰度
4%的甲醛	稍肿胀	稍肿胀	较鲜艳	一般	稍差	较清晰
4%的中性甲醛	稍肿胀	稍肿胀	较鲜艳	一般	稍差	较清晰
4%的多聚甲醛	正常	稍肿胀	较鲜艳	较鲜艳	差	一般
AF	稍收缩	稍收缩	一般	较鲜艳	一般	较清晰
AAF	正常	稍肿胀	较鲜艳	一般	差	一般
AFA	收缩	稍肿胀	一般	一般	一般	一般
EAF	正常	正常	一般	一般	差	一般
Carnoy	稍肿胀	正常	较鲜艳	较鲜艳	一般	较清晰
Bouin	肿胀	稍肿胀	较鲜艳	一般	较好	较清晰
甲醇	稍收缩	正常	鲜艳	较鲜艳	良好	清晰

由试验结果可以看出 10 种固定液固定的冰冻切片均可达到固定的基本要求,但通过镜下观察形态、染色效果、核浆对比度及结构清晰度各有差异。4% 的甲醛、4% 的中性甲醛固定的冰冻切片效果基本一致,细胞及核均稍肿胀,核染色较鲜艳,胞浆染色一般,核浆对比度稍差,组织结构较清晰;4% 的多聚甲醛固定的冰冻切片细胞形态正常,核稍肿胀,核和胞浆染色较鲜艳,核浆对比度差,组织结构一般;AF 固定液固定的冰冻切片细胞及核均稍收缩,核染色效果一般,胞浆染色较鲜艳,核浆对比度一般,组织结构清晰;AAF 固定液固定的冰冻切片细胞形态正常,核稍肿胀,核染色较鲜艳,胞浆染色较鲜艳,核浆对比度差,组织结构清晰;AFA 固定液固定的冰冻切片细胞收缩,核稍肿胀,核染色一般,胞浆染色较鲜艳,核浆对比度一般,组织结构一般;EAF 固定液固定的冰冻切片细胞形态正常,核稍肿胀,核染色一般,胞浆染色一般,核浆对比度差,组织结构一般;Carnoy 固定液固定的切片细胞稍肿胀,核正常,核及胞浆染色较鲜艳,核浆对比度一般,结构较清晰;Bouin 固定液固定的切片细胞肿胀,核稍肿胀,核染色较鲜艳,胞浆染色一般,核浆对比度较好,组织结构较清晰;甲醇固定的冰冻切片细胞稍收缩,核正常,核和胞浆染色较鲜艳,核浆对比良好、组织结构清晰。

4 讨论

组织冰冻切片后应迅速进行固定,否则,既不能有效抑制或破坏组织细胞内各种酶的活性,又达不到沉淀蛋白和防止组织自溶及腐败的目的,从而难以保持组织细胞与正常生活时的形态相似[4]。固定就是将待处理组织浸入预先配制好的溶液中,借助化学药品的作用使细胞组织的形态结构得以保存,使细胞内的物质尽量接近其生活状态时的形态和结构。常用的试剂有甲醛、乙醇、乙酸、苦味酸、甲醇等,这些化学物质除对组织均有固定作用外还有一些其他方面的作用,要综合考虑恰当配合、扬长避短,达到最佳效果。甲醛为非沉淀性固定液,不能使白蛋白和核蛋白沉淀,它通过使蛋白质发生交联而产生作用,其对组织的固定既无明显的收缩作用,也无明显的膨胀作用,经其固定的标本,核浆染色俱佳,但由于冷冻会引起细胞内液体膨胀,而甲醛不能抵消因冷冻所引起的细胞内液体膨胀,因而经甲醛固定的冷冻组织其结构基本完好,但核一般均会发生肿胀、模糊[5]。乙醇的渗透力强,对组织脱水、收缩作用明显,因而组织多收缩、变硬,并有形态学的改变;乙醇还可溶解脂肪和类脂质,也可溶解红细胞色素;而核蛋白被乙醇沉淀后仍能溶于水,因此核的着色不良[6]。乙酸穿透能力强,能沉淀核蛋白,不能沉淀白蛋白和球蛋白,具有显著的组织膨胀作用,经其固定的冷冻组织肿胀明显。苦味酸虽然穿透能力不强,但对组织的收缩作用显著,经其固定的冷冻组织皱缩明显且发黄[7]。甲醇为沉淀类固定液,对组织穿透性强,有收缩固定的作用,能基本抵消细胞内液经冷冻后体积稍微膨胀,但固定后结构稍有变化[2]。

选择合适的固定液,不仅能发挥固定液的基本功能,还能最大限度地缩小冰冻切片在组织细胞形态上的变化,从而使学生实验达到满意的效果。通过我们多年的实验观察体会和比较实验,4% 的甲醛、4% 的中性甲醛、4% 的多聚甲醛对肝组织冰冻切片效果良好,固定液配制简便,应当继续使用。AF 固定液固定的冰冻切片效果较好,需要现配现用,Carnoy 固定液虽稍肿胀,效果尚可,可酌情使用。AAF,AFA,EAF 固定液对冰冻切片效果一般,且组织肿胀,对比度不足,Bouin 固定液对冰冻切片效果尚可,但组织细胞稍肿胀,且考虑到使用危险药品,均可不再使用。甲醇对冰冻切片效果较好,虽不能长时间存放,但组织细胞基本正常,且无须配制、价格便宜、使用方便,宜普遍使用。

参考文献

[1] 胡登煌,杨森严,刘志勋,等.组织学特殊染色技术实践[M].西安:陕西师范大学出版社,1989:27-30.
[2] 梁艳清.六种固定液对冰冻切片苏木精-伊红染色效果的比较[J].解剖学研究,2012,34(2):159-160.
[3] 邱前程,卢善明.不同固定剂对冰冻切片免疫组化结果的影响[J].分子诊断与治疗杂志,2009,1(4):205-252.
[4] 王伯沄,李玉松.病理学技术[M].北京:人民卫生出版社.2000:65.
[5] 孙和国,何毅敏,孙莉,等.三种固定液对冷冻组织切片固定效果的比较[J].诊断病理学杂志,2001,8(2):114.
[6] 高美钦,黄雄飞,肖志芸,等.不同固定液对冷冻组织切片 HE 染色影响的比较[J].福建医科大学学报,2001,35(4):367.
[7] 芮菊生,杜懋琴,陈海明,等.组织切片技术[M].北京:高等教育出版社,1980.

化学实验室中真空系统的三个管理措施

陈云华*,丁 琼,张海波,邓立志,夏春兰

(武汉大学 化学与分子科学学院 湖北,武汉 430072;武汉大学 化学国家级实验教学示范中心,湖北 武汉 430072)

摘 要:化学实验中很多时候需要使用真空系统。通常情况下,学生实验室采用每一套实验装置配一台真空泵,再附加一些保护装置。这样,搭建一整套真空系统并不简单,而且因同时进行的实验较多,一个实验室配置的真空设备越多,管理难度就越大。本文介绍了3个对化学实验室的真空系统进行改进和改造的方法:①改进真空气路设计,减少真空设备台套数;②改造真空系统设备布置;③防止倒吸返流现象的发生。这些方法可以使之管理起来更方便,同时也改善了实验室环境。

关键词:化学实验;真空系统;真空气路;共用真空;防止倒吸返流

中图分类号:G64;O6

Three Management Measures of Vacuum System in Chemical Laboratory

Chen Yunhua*, Ding Qiong, Zhang Haibo, Deng Lizhi, Xia Chunlan

(National Demonstration Center for Experimental Chemistry Education, Wuhan University, Wuhan 430072, China; College of Chemistry and Molecular Sciences, Wuhan University, Wuhan 430072, Hubei, China)

Abstract: Vacuum is often required in chemical experiments. Usually, the student laboratory uses an experimental apparatus with a vacuum pump and some additional protective devices. Thus, a complete set of vacuum system is not a simple system, and a large number of experiments are performed simultaneously. Therefore, if such a laboratory is equipped with more vacuum equipment, the more difficult it is to manage. This paper introduces the following methods to improve and transform the vacuum system in chemistry laboratory: ①Improve the design of vacuum circuit and reduce the number of vacuum equipment sets; ②Upgrade the equipment layout of the vacuum system; ③Prevent the occurrence of backflow phenomenon. The vacuum system proposed could make the experiemnt more convenient to manage, also improve the laboratory environment.

Keywords: chemical experiments; vacuum system; vacuum circuit; sharing vacuum; prevent backflow

1 引言

很多化学实验,如减压蒸馏、真空干燥、抽滤、分解反应平衡常数的测定、液体饱和蒸气压的测定等,都需要抽真空[1-3],最常用的抽真空设备就是真空泵。由于实验中要抽出的气体成分复杂,可能含有水分或其他有机气体,甚至一些酸性和腐蚀性气体,若对真空度要求不太高时可以采用循环水式真空泵[1]。循环水式真空泵的优点是不受抽出气体的影响,缺点是体积大,而且一旦学生没有正确关泵就会造成水倒吸返流,故一般都会在实验系统和真空泵之间加装一个安全瓶。若要求的真空度较高时则需要用到机械式真空泵[2-3],其中某些气体经过真空泵后会使真空泵油变质,损坏真空泵。因此,往往需要在气体经过真空泵之前配套一些

作者信息:陈云华,男,博士,高级工程师,研究方向为物理化学。E-mail: chenyh@whu.edu.cn

保护装置,从而导致一套抽真空系统设备多、连接复杂,管理和维护比较麻烦。图1是一个机械式真空泵常用的配套保护系统装置。

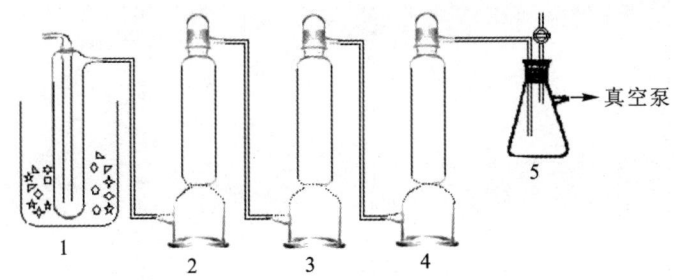

1.冷阱;2.干燥塔(氢氧化钠);3.干燥塔(硅胶);4.干燥塔(石蜡);5.安全瓶

图1 机械式真空泵的保护系统

Fig.1 Protective system for mechanical vacuum pump

冷阱通常置于装有冷却剂的广口瓶中,其作用是将一部分蒸气冷却液化。所用冷却剂可以是冰水、冰盐、干冰等,依具体实验需要选定。干燥塔是为吸收有害泵油的气雾而设置的,如水汽可以使泵油乳化,有机气体可以溶解于泵油中,它们会增加油的蒸气压,降低油泵所能达到的真空度。而酸雾则会腐蚀泵体机件,破坏气密性,加速磨损。3个干燥塔中依次装有粒状氢氧化钠(吸收水汽及酸雾)、变色硅胶(吸收水汽并指示、保护系统的干燥程度)和块状石蜡(吸收有机气体)。若使用高效冷却剂冷阱,则可以省去干燥塔。较为易得的高效冷却剂是干冰,它可以使水汽、酸雾和常见有机气体基本冷凝完全而滞留在冷阱中。为了防止直接关掉真空泵而导致泵油返流,还设置了安全瓶。

一套循环水式真空泵系统或机械式真空泵系统的体积都比较庞大,需要占用较多的实验室台地空间,而且不方便移动。一个实验室配备的台套数多了,实验成本和占用实验室台地空间会增加很多,布置不好还会使实验室显得很凌乱,而且运行时产生的噪音也会超标。另外,由于泵多了,老师在指导学生实验时难以一一监管到位,总会有一些较粗心的同学错误操作,导致真空泵中的水或油返流进入安全瓶中,增加了实验室管理人员维护处理的工作量。

2 真空系统的技术改进和管理改造

针对上述问题,本中心实验室从以下3方面进行了改造和改进:①设计改进真空气路系统,减少真空泵台套数;②改造真空系统的设备布置,减少占用台地空间;③做了一个防返流改进,有效地防止了返流现象的发生,减小了维护处理工作量。

2.1 真空气路的设计

减少真空泵的配置数量是减少管理工作量和难度最有效的办法,而且还能改善实验室环境。要在保证学生的实验装置台套数不减的情况下减少真空泵的配置数,可以借鉴一些实验室集中供气(可以减少气瓶)的做法[4-5],采用共用真空系统。但不同的是,一个是正压,一个是负压,相互干扰情况不同。若简单直接共用真空系统,则会因为各实验的操作要求不同,或实验进度不一致等原因,而无法实现各实验都能正常进行。譬如,静态法测定液体的饱和蒸气压需要反复对系统进行抽气和通气操作。若轮流使用真空系统,会造成时间消耗,影响实验进程。于是,实验室对真空系统气路做了如下布置设计:首先,在实验台面的中间安装一个气体分配装置,并在每一个支管处装一个球阀开关和一个单向阀,整个真空气路系统布置如图2。球阀开关在需要抽真空时就打开,不需要时就关闭。而单向阀则可以控制气体只能从各实验装置向真空系统的单方向流动,这样就实现了各实验系统不会因相互影响而出现空气倒灌导致掉真空的现象的目的。从连接在气体分配装置上的真空压力计的读数可以随时监察系统的运行情况。

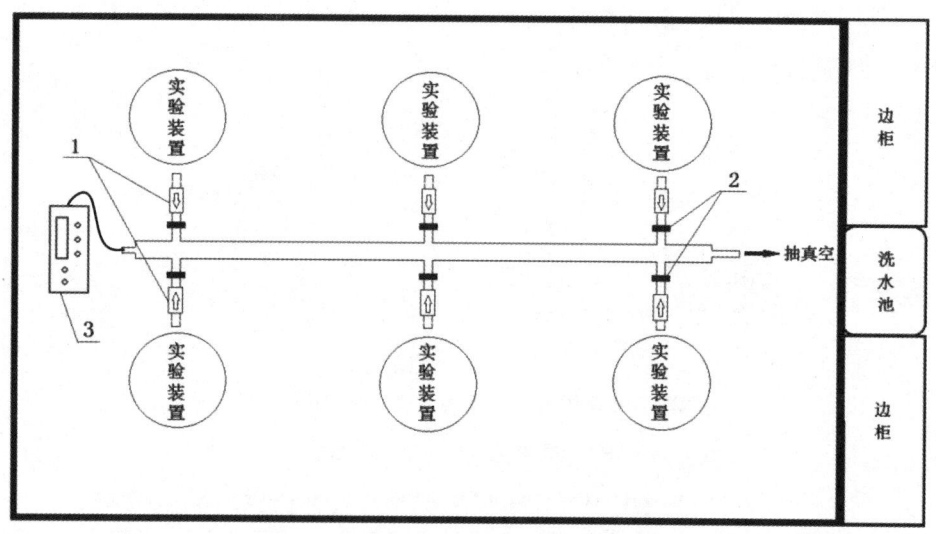

1.单向阀;2.球阀开关;3.真空压力计

图 2　气体分配装置在实验台面的布置

Fig. 2　The arrangement of gas distributing device on experimental table

另外,对于机械式真空泵系统,将其配套保护装置在图1的基础上稍做改动,在图1中冷阱1和干燥塔2之间增加一个缓冲储气罐,在干燥塔4和安全瓶5之间加装1个单向阀(图3)。缓冲储气罐起防止系统压力快速变化的作用,譬如,万一某同学较早完成实验而提前关掉真空泵,由于储气罐的缓冲作用也不会快速掉真空。单向阀也能防止实验系统快速掉真空,同时对于后面提到的防止倒吸返流也起到了作用。

2.2　真空设备的布置

在每个实验台旁边一侧布置有洗水池,在池子两边布设用防水板材制作的柜子(图2)。一边柜中放循环水式真空泵,而把机械式真空泵和其配套的保护装置安放在一个定制的小车上,放置于另一边柜中,并保证小车可以方便灵活推进拉出。经过改造后的这种隐藏式的布置不但节省了设备原来占用的台面空间,使整个实验室整洁美观,而且使用方便。

由于机械式真空泵的配套保护装置多,可将小车做成多层式结构,如图3所示。小车底层放置真空泵,上层放置配套辅助设备,把它们连接固定好。小车用不锈钢材料加工制造,耐腐蚀性好。缓冲储气罐可采用一个较大的抽滤瓶代替,也可用不锈钢圆柱管制造,既耐压,又耐腐蚀。

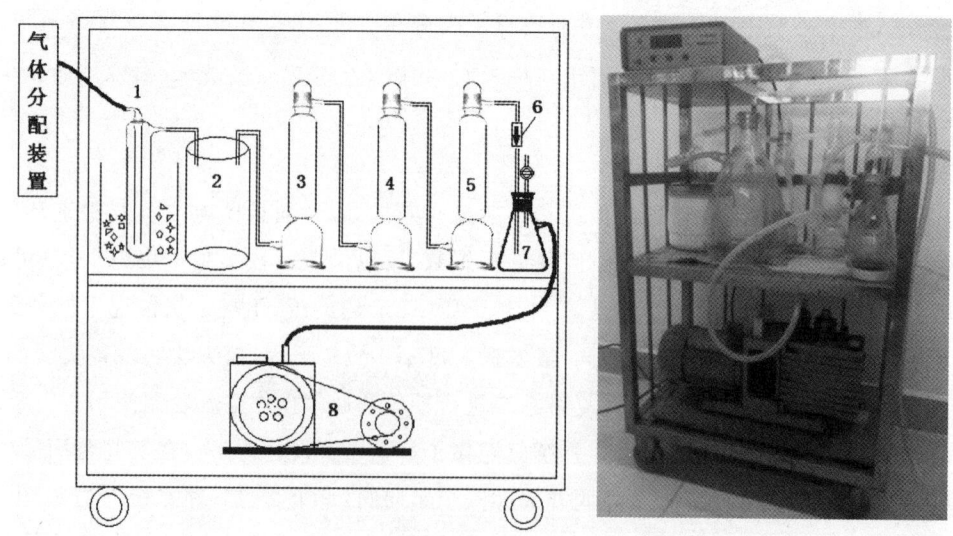

1.冷阱;2.缓冲储气罐;3、4、5.干燥塔;6.单向阀;7.安全瓶;8.真空泵

图 3　真空泵车

Fig. 3　Trolley for vacuum pump

2.3 防止倒吸返流的改进

一套真空系统中,通常在真空泵之前装有一个安全瓶,如图1中5所示。若没有它,一旦关掉真空泵,而此时实验系统还处于真空负压状态,则循环水式真空泵水槽中的水或机械式真空泵中的油就容易倒吸返流到实验系统或干燥塔中。正确的关泵操作是先打开安全瓶上的活塞使安全瓶通大气,然后再关泵,这样就不会发生倒吸。但实验中总会有因学生疏忽了这点而发生倒吸返流现象。虽然安全瓶起到了缓冲储存作用,水或油不会进入实验系统或干燥塔,但给实验室管理人员增加了后续处理的麻烦。

经过反复试验改进了安全瓶,将安全瓶上的带活塞用来控制通大气的玻璃管改成毛细管,再在循环水式真空泵的抽头或机械式真空泵的抽气口处安装1个单向阀,不用安全瓶上原来用来控制通大气的活塞,学生可以直接开泵或关泵。在试验中发现,若只加单向阀,当系统密封性很好时,单向阀虽可以阻滞延缓水或油返流,时间长了后仍然会返流,这是因为单向阀中的翻转簧片或活动锥(球)不可避免地存在接触微缝,尤其水的黏度较小,长时间在较大压差作用下会缓慢渗透通过,不能实现绝对逆向不通。而在毛细管和单向阀的配合作用下,就不会发生倒吸返流。因为毛细管越长、孔径越小,其漏气力越弱,而真空泵抽力足够,就不会影响到抽真空效果。关泵后,而实验系统还处于真空状态时,返流的水或油被单向阀阻滞于一边不会立即到达安全瓶中,而另一边的安全瓶中的真空度因为毛细管的缓慢漏气逐渐下降,水或油的返流压差推动力逐渐降低,返流也就更加困难了,从而达到了控制返流的效果。由于机械式真空泵的抽气口是垂直状态的,循环水式真空泵的水槽布置在整个系统的最低位,一旦毛细管漏气到使单向阀两边压力相等,被阻滞在单向阀处的水或油就自动流回。只要把毛细管长度和孔径调整得合适,就可以实现既不影响抽真空效果又不会发生倒吸返流现象。这里推荐,可以用损坏的玻璃温度计做毛细管。尤其对于需要达到较高真空度的机械式真空泵,可以采用损坏的0.1 ℃精密玻璃温度计,其中的毛细管很细,也较长,而泵油的黏度比水大得多,这样,泵油受阻滞后返流力比水弱,就可以相应地把毛细管的漏气力调弱,以达到实验系统的高真空度要求。

3 应用实例

静态法和动态法测定液体的饱和蒸气压实验都要使用真空系统,且对真空度的要求较高。尤其是静态法,实验中还需要反复进行抽气减压和通大气增压的操作,如果不能有效解决各实验装置之间相互干扰的问题,就只能对每一套实验装置分别配一套真空系统,很多高校实验室就是这样做的。通过该实验可以很好地检验改造后的真空系统的实用性,下面介绍一下该实验的操作安排。

静态法是通过调节外压与液体蒸气压相等进行的,其测量原理示意图如图4所示[2]。

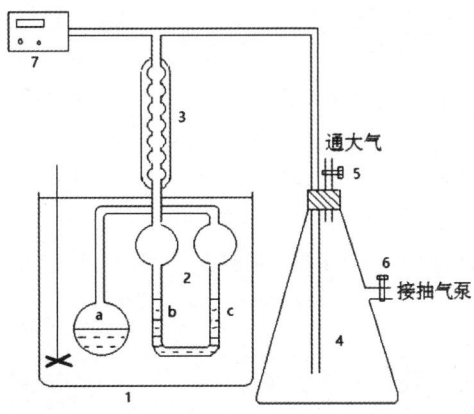

1.恒温槽;2.等压平衡管;3.冷凝管;4.缓冲瓶;5、6.真空活塞;7.数字真空压力计

图4 静态法测液体饱和蒸气压装置示意图

Fig. 4 Schematic diagram of the device in static method of measurement of saturated vapor pressure

待测液体装在等压平衡管中,用恒温槽控制一定温度,调压系统往往会采用一个较大的储气罐,这是为了减小调节过程中的气流冲击。在缓冲瓶上设一出气口通过活塞控制连接真空泵,一进气口通过活塞连通

大气。测定过程就是交替调节抽真空活塞减压和进空气活塞增压,以达到调节缓冲瓶中的气压变化使等压平衡管中b管和c管的U型液面相平,则平衡管a球液面上的蒸气压与缓冲瓶中的压力相等,通过连接于缓冲瓶的真空压力计就可得出液体在该温度下的饱和蒸气压。

首先,多组实验共用一套真空系统时须配置功率够大的真空泵以保证抽气量。在学生实验之前,老师将真空泵车上的冷阱与实验台面的气体分配装置连接好,学生将各自实验装置中需要抽真空的支管(图4中的6处)用真空橡皮管连接到台面的气体分配装置上,需要抽真空时就打开球阀开关,不需要时就关闭。整个实验期间,让真空泵一直处于工作状态,不时观察一下连接在气体分配装置上的真空压力计的读数,直到全组所有同学实验结束后再关闭真空泵。

实验时,先打开图2中球阀开关把实验系统抽到所需要的真空度,使平衡管中b管的液面高于c管,关闭球阀开关,再缓慢打开图4中的活塞使测量系统通大气,b管液面开始下降,c管液面上升,直至b管和c管的U型液面相平,关闭活塞。此实验的操作关键是控制通大气活塞要缓慢,一旦操作不好导致过量空气放入系统,就要重新对系统进行抽真空,重复上述操作过程。

先做完实验的同学因不再需要抽真空操作而保持球阀开关处于关闭,可以打开自己实验装置中的通大气活塞,最后做完实验的同学同时打开通大气活塞和球阀开关,再关闭真空泵。即使该同学忘记打开球阀开关而直接关闭了真空泵,改进的保护装置也会起作用不致使泵油倒吸返流。万一保护装置失灵,泵油也只是返流到安全瓶中,不过至今还未观察到此现象发生。

测定氨基甲酸铵的分解反应平衡常数的实验装置与静态法测定液体饱和蒸气压的实验装置类似[2],但由于分解反应有氨气产生,不能让其被抽进真空泵,可将真空泵车上的冷阱改成装有硫酸的洗气瓶。有机化学实验中很多的减压蒸馏分离操作对真空度要求不如该实验,可以用循环水式真空泵[1],特殊情况下需要用机械式真空泵时可根据实际情况改变调整气体吸收物质即可。抽滤操作通常是采用循环水式真空泵,其辅助设备少,管理工作也简单些。

4 结论

应用实践证明,所设计的共用真空气路系统解决了相互干扰问题,其中的防止倒吸返流的改进方法简单有效,免除了以前因学生错误关闭真空泵造成的后续维护处理工作。改造后的设备布置整洁美观,而且使用方便。同时,减少了真空泵的需求,节约了实验成本,节省了设备原来占用的台面空间,给实验室管理带来了方便,还可使实验室环境噪音降低,增加了学生做实验的舒适度。

参考文献

[1] 武汉大学化学与分子科学学院实验中心.有机化学实验[M].武昌:武汉大学出版社,2004.
[2] 复旦大学.物理化学实验[M].北京:高等教育出版社,2004.
[3] 武汉大学化学与分子科学学院实验中心.物理化学实验[M].武昌:武汉大学出版社,2012.
[4] 龙海洋,姜永东,钱文斌,等.高校实验室集中供气系统的建设与应用[J].实验技术与管理,2021,38(11):282-285.
[5] 戴洁,陆大东,叶涛,等.简易多路气体分流装置在有机实验教学中的应用[J].大学化学,2020,35(7):114-117.

计算机技术与应用

虚拟仿真技术在材料制备实验教学中的实践与探索

吴 音，刘蓉翾，耿志挺

(清华大学 材料学院，北京 100084)

摘　要：针对新型无机非金属材料制备实验教学中一些典型、重要、具有一定危险性而不宜学生动手的实验，探索自主开发虚拟仿真实验软件，利用虚拟仿真实验弥补无法真实实验的缺失。结果显示：将虚拟仿真实验应用于材料制备实验教学中，能够拓展实验教学内容的广度，同时延伸实验教学的时间和空间。通过虚实结合真实实验模式，使学生能够更深入地、全面地了解和掌握新型无机非金属材料制备的基本技术和原理，以期获得更好的教学效果。

关键词：无机非金属材料制备；虚拟仿真实验；实验教学；探索

中图分类号：G434

Practice and Exploration of Virtual Simulation Technology in Experimental Teaching of Material Preparation

Wu Yin, Liu Rongxuan, Geng Zhiting

(School of Materials Science and Engineering, Tsinghua University, Beijing 100084, China)

Abstract: In the process of new inorganic non-metallic materials preparation, some typical experiments are important but dangerous. They are not suitable for students to do during experimental teaching. We explored this technology which using specially designed software to virtually simulate the real experiments in teaching laboratory. Feedback results showed that using virtual simulation, we are able to expand experimental teaching content, extend the flexibility of time schedule and save laboratory space. Through the combination of virtual and real experiments, students can better understand and master the basic techniques and principles of the preparation of new inorganic non-metallic materials and better teaching effects could be achieved.

Keywords: inorganic non-metallic materials preparation; virtual simulation experiment; experimental teaching; exploration

1 引言

新型无机非金属材料是近代发展起来的高技术材料，是材料科学与工程中一类重要的新型材料[1-3]。而材料的制备技术在材料科学与工程研究以及现代制造业中具有重要的地位和作用，对于材料学专业学生正确掌握材料的各种制备技术是非常必要的。材料科学与工程又是一门实验性很强的学科，因此实验教学环节对于培养大学生的思维及动手能力有着极其重要的作用[4-5]。

清华大学材料学院于 2008 年为学院本科生开设专业实验必修课"新型无机非金属材料制备及性能测试表征"，实验包括材料的合成、成型、烧结以及结构性能的测试表征[6-7]，至今已超过十年，很受学生欢迎。但是，有些典型而重要的新型无机非金属材料制备技术，由于其制备方法本身具有危险性、耗时长等缺点，难

作者信息：吴音，女，高级工程师，主要从事无机非金属材料的研究及实验教学工作。E-mail：yinwu@tsinghua.edu.cn

基金项目：清华大学教改项目（项目号 ZY01）

以在实验教学中进行,从而限制了学生的实践机会。而这些实验项目对学生掌握和理解材料专业知识和技能又非常重要,因此迫切需要在实验教学中解决这一矛盾。为此,我们探索利用虚拟仿真实验形式弥补这方面的缺失。

以新型无机非金属材料制备中典型重要的而又不适宜本科生实验的内容——水热法制备新型无机非金属材料设计为虚拟仿真实验教学项目为例,结合目前已有的其他实验,实现实验教学中虚实互补。

2 虚拟实验的设计

水热法制备材料目前是一种重要的常用的新型无机非金属材料制备技术,也是材料学科最重要的代表性实验之一,已被广泛地用于材料制备、化学反应和处理[8-10]。作为材料学科的学生应该掌握其制备原理和方法,但由于制备过程中使用道具有一定危险性的高压,以及反应周期长的特点,不适宜本科生实验,因此以此为例,将水热法制备新型无机非金属材料设计为虚拟仿真实验教学项目,即水热法制备 TiO_2 纳米线虚拟仿真实验[11]。

3 教学效果

本实验的目的是使学生了解水热合成法制备新型无机非金属材料的工艺过程及制备原理,掌握水热法制备 TiO_2 纳米线的方法以及高压釜的使用。实验原理:水热法制备材料是在特制的密闭反应容器(高压釜)里,将原料配置成溶液加入高压反应釜中,通过加热反应容器,创造一个高温(100~1 000 ℃)、高压(1~100 MPa)的反应环境,在该状态下反应体系中的离子反应及水解速率得以加快,在这种非平衡态的反应体系内进行液相反应,让常温状态下难溶或不溶的成分溶解并重新结晶,从而制得所需要的样品[12]。

实验借助虚拟现实技术,使用 Unity、Maya 等专业软件进行三维建模、动画制作、场景渲染等,为学生建造一个虚拟仿真实验室,高度仿真的虚拟实验环境、实验操作、实验细节及结构性能的测试表征,如图 1(a)虚拟化学制备室,(b)虚拟热处理室,(c)虚拟 SEM 室。让使用者如同身历其境。

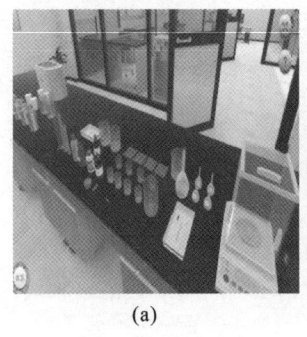  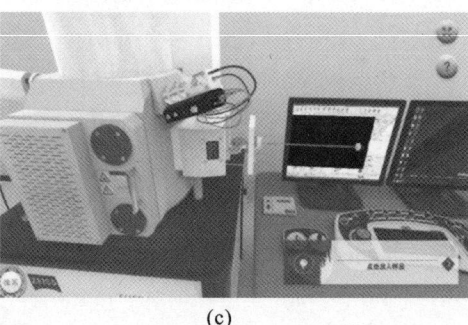

(a)　　　　　　　　　(b)　　　　　　　　　(c)

图 1　虚拟仿真实验室

Fig. 1　Virtual simulation laboratory

针对实验目的,虚拟实验软件除了设计了水热合成法制备无机非金属材料的工艺操作过程,还设计了水热合成关键工艺参数对产物性能的影响的实验:原料 TiO_2 浓度、矿化剂 NaOH 浓度、水热反应温度、水热反应时间分别对产物物相成分及形貌的影响(图 2),学生可以考察不同的反应温度、反应时间、前驱物浓度和 pH 值等因素对产物的影响。为此我们进行了大量的前期实验,以获得一系列实验结果,为虚拟仿真实验建立数据库提供数据。实验设计了不同的前驱体浓度、矿化剂浓度、水热反应温度及反应时间等实验参数的实验,并利用 X 衍射仪(XRD)和扫描电镜(SEM)对所得到的产物进行物相分析及显微形貌分析,实验流程见图 3。学生可以尝

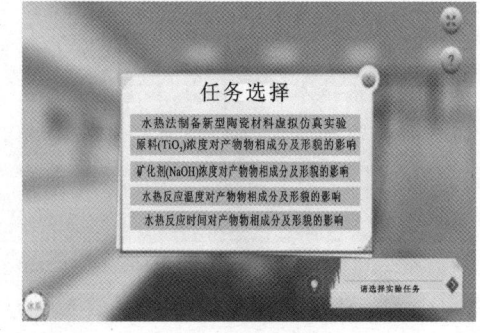

图 2　实验选项

Fig. 2　Experimental project

试利用各种不同的实验参数进行实验。通过鼠标键盘交互操作，在高度仿真实验室场景中，根据实验内容进行相应的实验操作。

在软件中包含实验目的、实验原理、注意事项、关键试剂及实验器材介绍等，学生可以在操作软件的过程中，随时打开查看。在实验操作过程中，还设置高压、高温警报以及超限出现的后果，使学生充分了解高压釜的安全使用，以及实验中关键的安全性问题和如何采取防范措施。

本实验安排在课上制备实验需要较长等待的时候（如球磨、溶液反应等）或课下进行。学生完成实验后，需要进行相关问题的回答。结合材料学院开设课程目前已有的沉淀法、溶胶凝胶法、微乳液法等材料合成实验[13]，已基本涵盖了所有的材料液相合成技术。做到"虚实结合、相互补充、能实不虚"。

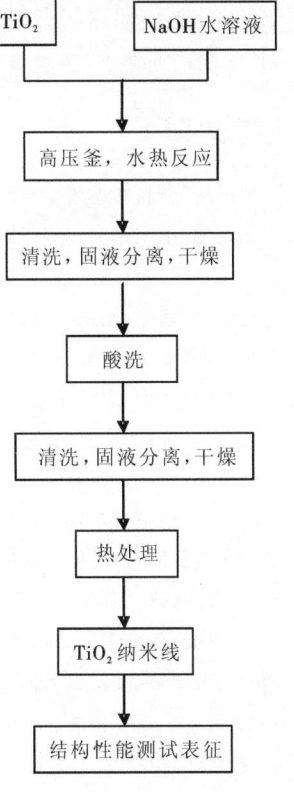

图 3　TiO$_2$ 纳米线制备流程

Fig. 3　Preparation process of TiO$_2$ nanowire

4　本虚拟仿真实验的特点

虚拟仿真技术作为一种无危险、低成本、共享性高的实验教学手段[14-17]，应用于本实验中具有以下特点：

4.1　安全无危险

在本科实验教学中，学生实验中的安全问题是我们最为关注的，也是首要考虑的。在不能保证绝对安全的条件下，是不允许学生动手实验的。而借助虚拟实验，可以不用考虑安全性问题，避免了真实实验操作不当可能带来的如高压釜爆炸等危险，使学生在高度仿真的实验环境中，安全高效地开展实验，提升知识和技能。这无疑补充了实验教学中缺失。同时，虚拟实验中的报警、事故后果等可以强化学生记忆，加深学生防范事故发生的意识。

4.2　高效省时

在水热合成材料实验中，有些步骤非常耗时，如长时间水热反应、热处理等，在真实实验中难免感到枯燥拖沓。而虚拟仿真实验可以设计成内容紧凑、时长合理的实验教学项目，使学生可以从宏观上了解材料制备的技术，知道重点设备及关键的工艺参数，节省大量时间，达到事半功倍的效果。

4.3　低成本、反复操作性强

虚拟实验不受实验操作设备、材料、场地等条件的限制，学生可以反复操作控制设备，达到熟练实验操作的目的，运用自己的知识对所有实验中存在的疑惑进行探索模拟，在保证教学效果的同时，极大地节省了成本和费用。

4.4　共享性高

虚拟实验采用现代信息技术，延伸了实验教学时间和空间，学生可以在任何时间、地点进行实验，不再受实验室的限制，只要有网络的地方，随时都可以进行实验。学生自主优化时间，在实验教学过程中处于主体地位。

4.5　丰富实验形式

突破传统教学模式的制约，能激发调动学生自主实验的积极性，提升实验兴趣，有助于发展学生的构建思维，提高学生实践创新能力。

5　结语

将新型无机非金属材料制备中典型重要的而又具有危险性、极端耗时的实验——水热法制备新型无机非金属材料设计为虚拟仿真实验教学项目，可以很好地弥补实验教学的缺点。通过这种虚实结合实验模式，实现实验教学中虚实互补,拓展实验教学内容的广度,延伸实验教学的时间和空间。使学生能够更深入地、全面地了解和掌握新型无机非金属材料制备的基本技术和原理,培养材料领域创新人才。这是针对实验教学进行的一种有用的探索,为进一步深入研究奠定良好基础。

参考文献

[1] 师昌绪.新材料的现状与展望[J].自然杂志,1996,18(5):249-260.
[2] 郭景坤.中国结构陶瓷研究的进展及其应用前景[J].硅酸盐通报,1995(4):18-28.
[3] 王厚亮,邹爱红,刘继富,等.新型无机非金属材料研究进展与未来展望[J].山西建材,1998(3):19-25.
[4] 郑春满,韩喻,谢凯.有机化学实验教学改革与学生创新能力培养的研究[J].高等教育研究学报,2011,34(1):98-100.
[5] 徐如人,庞文琴.无机合成与制备化学[M].北京:高等教育出版社,2001.
[6] 吴音,龚江宏,唐子龙.无机非金属材料实验教学的研究与探索[J].实验技术与管理,2011,28(6):257-258
[7] 吴音,刘蓉翾,李亮亮.科研成果转化为综合性实验教学探索[J].实验技术与管理,2016(6):162-164.
[8] 谈国强,秦波,章薇,等.水热合成技术在建筑陶瓷工业中的应用[J].陶瓷,2011(1):39-42.
[9] 高凤玲.超临界水热合成制备超细金属氧化物的实验研究[D].大连:大连理工大学,2008.
[10] 李涛,彭同江.锆钛酸铅纳米陶瓷粉体的水热合成技术[J].中国粉体技术,2004(2):32-34.
[11] 吴音.水热法制备 TiO_2 纳米线虚拟仿真实验软件 V1.0:4915112 号[P].2020-01-08.
[12] 韦秋芳,陈拥军.一步法水热合成 TiO_2 纳米线及其光催化性能[J].高等学校化学学报,2011,32(11):2483-2489.
[13] 吴音,刘蓉翾.新型无机非金属材料制备与表征测试[M].北京:清华大学出版社,2016.
[14] 王淼,高东峰.在线开放虚拟仿真实验项目建设的思考[J].实验技术与管理,2018,35(5):115-118.
[15] 狄海廷,董喜斌,李耀翔.高校虚拟仿真实验教学资源的可持续发展机制研究[J].实验技术与管理,2018,5(5):236-238.
[16] 卢艳丽,董文强,王永欣,等.材料类专业虚拟仿真实验教学中心的建设与实践[J],实验室研究与探索.2018,7(11):153-157.
[17] 刘来玉,陈晨,董焱,等.虚拟仿真实验教学助推双创教育的探索与实践[J].实验技术与管理,2017,34(12):128-131.

煤矿机械虚拟仿真实验教学项目设计与开发

樊红卫[1,2],张旭辉[1,2],杜昱阳[1,2],毛清华[1,2],徐勇鹏[3]

(1 西安科技大学 机械工程学院,陕西 西安 710054;
2 西安科技大学 陕西省机械工程虚拟仿真实验教学中心,陕西 西安 710054;
3 沈阳捷诚软件技术有限公司,辽宁 沈阳 110000)

摘　要:虚拟仿真实验具有利用率高、易维护和成本低等优势,近年来成为高校实验室建设的重要途径。为了解决矿井环境恶劣危险,难以开展煤矿机械现场实验的问题,提出采用虚拟仿真技术开发煤矿机械虚拟仿真实验项目。以煤矿现代综合机械化开采装备的结构、采煤工艺和设备故障处理为核心内容,通过虚拟仿真技术模拟真实矿井环境下煤矿机械结构、开采场景和采煤工艺,使学生通过虚拟操作掌握煤矿机械结构和开采原理,学会处置设备故障问题。实验项目具有原创性、综合性和复杂性特点,解决了煤矿机械无法开展现场实验的难题,为其他大型复杂机械虚拟仿真实验提供了参考。

关键词:煤矿机械;虚拟仿真实验;实验教学;实验项目开发

中图分类号:G482;TD421

Design and Development of Mine Machine Virtual Simulation Experiment Teaching Project

Fan Hongwei[1,2], Zhang Xuhui[1,2], Du Yuyang[1,2], Mao Qinghua[1,2], Xu Yongpeng[3]

(1 School of Mechanical Engineering, Xi'an University of Science and Technology,
Xi'an 710054, Shaanxi, China;
2 Shaanxi mechanical engineering virtual simulation experimental teaching center,
Xi'an University of Science and Technology, Xi'an 710054, Shaanxi, China;
3 Shenyang Jiecheng Software Technology co. LTD, Shenyang 110000, Liaoning, China)

Abstract: Virtual simulation experiment has the advantages of high utilization rate, easy maintenance and low cost. In order to solve the problem that it is difficult to carry out the field experiment of coal mine machine in a dangerous environment, a virtual simulation experiment project of mine machine was developed by using the virtual simulation technology. Taking the structure, the mining technology and equipment fault treatment of modern fully mechanized mining equipment as the core content, through the virtual simulation technology, the structure, the mining scene and technology under the real mine environment were simulated to enable the student to grasp the idea of a real situation and deal with the equipment fault problems. The experimental project has the characteristics of the originality, comprehensiveness and complexity, which solves the problem that a mine machine cannot carry out in the field experiment, and provides a reference for the virtual simulation experiment for the other large and complex machines.

作者信息:樊红卫,男,副教授,博士。主要从事机械电子工程教学与研究。E-mail:hw_fan@xust.edu.cn

基金项目:2017年国家虚拟仿真实验教学项目(教高函[2018]6号);2018年西安科技大学新工科教学改革研究项目(XGK1816);2021年西安科技大学教育教学改革与研究项目(JG21066);2021年陕西省教育教学改革研究项目重点项目(21BZ040);2021年陕西省教育教学改革项目重点项目(21B2040)

Keywords: coal mine machine; virtual simulation experiment; experiment teaching; experiment project development

1 前言

近年来,随着互联网、人工智能和虚拟现实等信息技术的快速发展,高等教育正面临着前所未有的挑战。利用信息技术对教育教学过程进行改造或重建,已成为当前高等教育改革的重要内容[1-2]。结合新工科[3]、工程教育[4]等新思想,对实践教学环节进行信息化构建,对培养新时期应用型创新型专业人才具有重要意义。在上述背景下,虚拟仿真实验[5]应运而生,它利用CAD、虚拟现实(VR)等技术开发数字化实验设备,通过虚拟操作完成实验训练,获得逼近于现场实验的学习效果。虚拟仿真实验适合于高危险性、不可及或高成本的实验项目,如煤矿机械[6-8]、飞行器[9]或海洋装备[10]。目前,矿业特色院校机械类专业普遍开设"矿山机械""矿山设备电气控制"等特色课程,但长期困于矿井条件恶劣、危险、难以开展现场实验的难题,且建设非矿井环境的实验条件成本极高。鉴于此,本文提出对煤矿机械开展虚拟仿真实验建设,以期解决长期困扰煤炭特色院校机械类专业实践教学难题。

2 虚拟仿真实验目的

在传统矿山机械及其电气控制相关课程中,由于煤矿开采环境与设备特殊性,使煤矿综合机械化开采设备具有高危险性、高粉尘度、强电磁辐射等特征,无法进行人员范围大、持续时间长的矿井现场教学,造成学生无法设身处地体验数百米井下恶劣环境中煤矿开采设备工作状况,也很难通过网络图片、视频等深入掌握这些大型设备的结构原理和真实工作过程。本文介绍的虚拟仿真实验教学项目正是为应对这一难题,开发高逼真度的煤矿综采机械及其环境模型,通过对综采机械结构原理和工艺虚拟仿真及典型故障数字化模拟等,使学生深刻理解书本知识,掌握煤矿机械设计、控制和维护的基本技能。具体目标是:通过对煤矿综采设备三维模型的认识理解及相关虚拟操作,使学生掌握综采工作面搭建过程;通过不同采煤工艺学习,使学生理解机械自动化采煤工艺过程;通过对采煤过程中典型故障模拟,使学生掌握与采煤故障相关设备控制知识和突发状况处理方法。

3 虚拟仿真实验条件与原理

本文虚拟仿真实验涉及煤矿综采设备机械结构、布局、设备连接、采煤工艺、故障处理等。

(1)采煤机[11]。采用截割机构将煤从煤壁上破落下来并装入工作面刮板输送机。采煤机按调定的牵引速度行走,使破煤装煤工序连续进行。采煤机是集机械、电气和液压为一体的大型复杂系统,如出现故障将导致采煤过程中断,造成巨大经济损失。如图1所示,采煤机由左滚筒、左摇臂、左截割部、左牵引部、电气部、右牵引部、右截割部、右摇臂、右滚筒、导向滑靴、平滑靴等组成。

(2)液压支架[12]。以高压液体为动力,由若干液压元件与金属构件按一定连接方式组合而成的支撑和控制顶板的设备。液压支架同时还能前移和推进工作面刮板输送机,与采煤机、输送机配套使用,实现落煤、装煤、运煤、支护和放顶回采工艺的机械化。虚拟模型如图2所示,由顶梁、掩护梁、底座、立柱、千斤顶、液压阀、推移装置、护帮装置等组成。

图1 采煤机虚拟仿真模型

Fig. 1 Virtual simulation model of shearer

图2 液压支架虚拟仿真模型

Fig. 2 Virtual simulation model of hydraulic support

(3)刮板输送机[13]。由绕过机头链轮和机尾滚轮的循环刮板链作为牵引机构,以溜槽作为承载机构,启动电动机,经联轴节和减速器传动链轮,驱动链条连续运转,将装在溜槽中的煤由机尾推运到机头处卸载转运。如图3所示,刮板输送机由主动链轮、刮板链、上下溜槽、机尾链轮、拉紧装置等组成。

(4)"三机"连接。首先,布置液压支架,对顶板进行支护;然后,铺设刮板机;最后,将采煤机装配至刮板机上。采煤机由老塘侧2个导向滑靴和煤壁侧2个平滑靴分别支承在工作面刮板输送机销轨和铲煤板上。支架前移,将其以支架前部相连的刮板运输机为支点,通过推移油缸伸缩,带动支架移动。推移输送机与移架过程恰好相反,支架立柱撑起后支架紧挨顶板,再以支架为支点,通过推移油缸伸缩,推动刮板输送机前移。"三机"模型如图4所示。

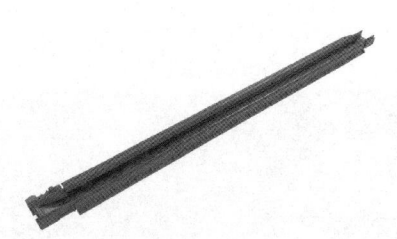

图3 刮板输送机虚拟仿真模型

Fig. 3 Virtual simulation model of scraper conveyor

图4 综采工作面"三机"虚拟装配模型

Fig. 4 Three-machine virtual assembly model for fully mechanized coal mining face

(5)采煤工艺[14]。本实验采煤工艺是常见综采工作面端部斜切进刀(割三角煤),往返1次割2刀,液压支架单架依次移架,滞后支护。这种方式的特点是:简化进刀工序,工作量均匀,提高采煤机装煤率,为移架、推溜创造良好条件。工艺原理如图5所示。

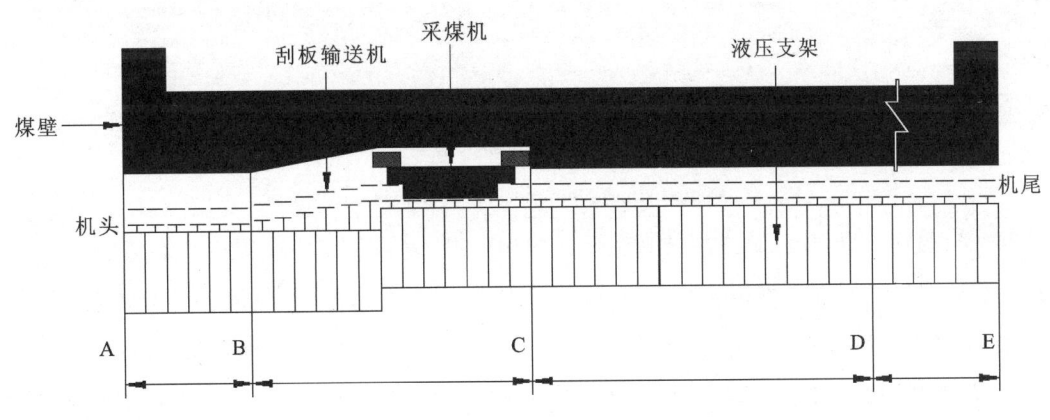

图5 采煤工艺模型

Fig. 5 Model of coal mining technology

(6)故障处理。综采工作面设备常见故障有:采煤面断层、工作面夹矸、液压故障、电气故障等。当采煤作业时,工作面夹矸属常见问题,对不同硬度矸石,采用不同应对方法:面对硬度稍大于煤层的软岩,在截割过程中截割电流一般达到额定电流的110%左右,可通过降低牵引速度,直接通过;当岩石普氏系数在4~8之间时,截割电流达到额定电流的130%,降低牵引速度不能通过,需停机倒车,此过程一般持续10 s左右,待截割电流降至额定电流的110%以下,重新截割。

(7)参数设计。采煤机滚筒直径3 200 mm,截深865 mm,铲间距366 mm,最大采高6 240 mm,机面高度 2 668 mm,过煤高度 1 110 mm,中部卧底量 590 mm,机头最大卧底量 500 mm,机尾最大卧底量 420 mm。液压支架中心距 1.75 m,采高范围 3.8～6.0 m。刮板输送机与采煤机配用渐开线齿轨节距 147 mm,机、头尾与端头支架采用排孔连接。

4 虚拟仿真实验教学

本虚拟仿真实验采用网络平台远程自学与上机实践相结合,通过远程网络自学方式使学生提前预习实验相关理论基础知识、完成网络测验,再进行上机虚拟实验、完成虚拟仿真操作。通过上机,大幅提升学生对课本知识的认知程度,结合虚拟场景与工艺使学生在课堂上能完成以前只有实际下井实践才能掌握的工程知识。本虚拟仿真实验基于如图6所示网络的平台进行[15]。

基于图6所示的网络平台,以"煤矿综采工作面'三机'配合虚拟仿真实验"为例,主要实验步骤设计如下:

图 6 虚拟仿真实验网络平台

Fig. 6 Virtual simulation experiment network platform

①登录"西安科技大学机械工程虚拟仿真实验教学中心"网站,点击"线上虚拟仿真实验",进入"矿山机电虚拟仿真实验——'三机'配合虚拟实验"。在该实验中进行网上理论知识测试,系统会在题库中随机抽取测验试题,当学生完成试题并考核通过后方可进入下一环节。②点击进入"三机装配",通过操作说明了解虚拟实验操作方式,然后了解三机设备的基本知识。通过对"三机"设备配合、结构等知识的掌握,完成综采工作面设计和搭建。按设备装配顺序,依次铺设液压支架、刮板输送机、采煤机。③完成工作面搭建后,进入采煤工艺模块,打开自动模式,通过采煤工艺三维模型展示以及二维示意图等进行学习。④打开手动操作,根据标准的自动综采工艺,通过采煤机与液压支架操作面板手动操作设备完成一刀割煤。⑤进入故障处理模块,学习发生故障(夹矸等)时的相关知识。⑥完成故障处理。根据截割负载,判断矸石软硬度,按顺序完成故障处理操作,记录电机电流与时间变化关系,绘制相应曲线并分析。⑦对虚拟实验过程进行提交、考核,未通过者重新完成上述操作。⑧完成实验后,撰写实验报告,在系统平台中提交。整个实验中,可设置"错误提示"功能,帮助学生思考和解决问题,如图7所示。教师进行虚拟仿真实验考核时,各部分所占比例为:理论知识测试 20%,虚拟仿真实验操作 40%,虚拟仿真实验报告 40%。评分规则设计为:理论知识测试 20 道

题,正确率达80%时认定通过,测试进入下一环节;虚拟仿真实验操作按步骤给分,允许少量错误操作,正确率达60%以上时通过;虚拟仿真实验报告由教师按内容及思考题完成情况打分;将以上3个部分分数相加得到学生虚拟仿真实验总分。

5 虚拟仿真实验特色

基于自主开发的煤矿机械虚拟仿真实验项目,西安科技大学2017年申报并获批首批国家级虚拟仿真实验教学示范项目,形成独具行业特色的煤矿机械虚拟仿真实验教学理念、内容、方法和开放共享、考核评价等在内的完备体系。

图 7　实验操作错误提示功能

Fig. 7　Error alert function for experimental operation

(1)教学理念:煤矿综采机械属于特种重大型机械,实际操作涉及高危、极端恶劣环境,成本高、消耗大、很难开展井下现场教学等问题。虚拟仿真实验通过对机械结构和采煤场景三维再现及模拟环境下各项虚拟仿真实验,充分调动学生参与实验的积极性和主动性,培养学生动手能力及创新精神。实验项目很好地解决了我国煤矿机电类课程难以开展真实现场实验的难题,为煤矿机械虚拟仿真实验教学提供了一条可行、有效且经济的解决路径。

(2)教学内容:综合机械化采煤是当今煤炭开采主流方法,针对综采机械开展虚拟仿真实验,极具代表性和先进性,同时很好地体现了煤矿机械复杂性特点。规划了"三机"设备机械结构认识、工作面搭建、采煤工艺学习与操作、故障模拟与处理等内容,循序渐进、由浅入深,形成了完整的实验内容体系。

(3)实验方法:依托互联网、多媒体、人机交互、数据库和通信等技术,构建了高度仿真的虚拟实验环境和实验对象,学生在虚拟环境中开展仿真实验。实验仪器设备造型逼真、操作方便,通过实验能达到认识设备、学习设备结构原理和使用方法及熟悉设备操作、维护等知识的目的。在虚拟实验中,学生利用鼠标和键盘,对屏幕上的仿真设备自主操作,实现计算机辅助下的虚拟实验,让学生对理论内容加深理解并应用其解决工程实际问题。

(4)开放运行:开发的虚拟仿真实验教学平台能够开展实验资源、教师队伍等方面持续建设,进而形成可持续的实验服务,成为优质实验教学资源开放共享的载体。实验教学平台和所有虚拟仿真实验对全国煤炭院校师生和企业技术人员开放,有利于煤矿机械人才培养和煤炭企业高技术人才远程培训。

(5)评价体系:虚拟仿真实验项目依附的实验教学网络平台可自动收集学生实验前测验结果、实验中操作统计数据和实验报告等;通过调查问卷收集学生对实验系统、实验设计、考核方案等方面的反馈信息,进行统计分析,便于教师进一步改善虚拟仿真实验平台功能,提高虚拟仿真实验教学质量。

6 结语

虚拟仿真实验具有利用率高、易维护和成本低等优势,近年来已成为高等院校工科类专业实验室建设的重要途径。西安科技大学是高水平煤炭特色院校,鉴于煤矿井下开采环境恶劣、高危险性,相关专业实践教学有时难以满足学生现场实验实习需要,为此学校近年来在虚拟仿真实验建设方面进行了诸多有益探索和实践。煤矿综合机械化采煤虚拟仿真实验作为最具特色的煤矿机械虚拟仿真实验,不仅能够完成采煤工作面机械设备结构和连接关系认知、典型采煤工艺模拟分析和设备典型故障处理等方面实验内容;同时,项目建成了虚拟仿真实验网络平台,可进行在线预习、实验和考核等,并面向全国相关高校和企业全天候开放共享。本虚拟仿真实验成功获批首批国家级虚拟仿真实验教学示范项目,未来将在虚拟仿真实验室硬件建设、实验资源扩充、虚拟实验教学等方面加大投入、持续改进,为早日建成全国一流虚拟仿真实验平台而不懈努力。

参考文献

[1] 姜晖,张民.高等院校信息化实验教学环境的建设[J].实验室研究与探索,2012,31(4):309-313.

[2] 李平.推进虚拟现实技术应用 提高高校教育教学质量[J].实验室研究与探索,2018,37(1):1-4.

[3] 吴涛,尤卓炜.适应新工科建设的机电专业实践教学改革与探索[J].实验室研究与探索,2018,37(12):209-212.

[4] 王保建,陈花玲,杨立娟,等.工程教育认证标准下的课程教学设置[J].实验室研究与探索,2018,37(8):162-166,298.

[5] 吴金栋,任光辉,黄东键,等.基于虚拟仿真技术开展实践教学改革的研究与实践[J].实验室研究与探索,2018,37(5):240-244.

[6] 张旭辉,陈利,马宏伟,等.煤矿掘进机器人虚拟仿真与远程控制系统[J].工矿自动化,2016,42(12):78-83.

[7] 张旭辉,王妙云,张雨萌,等.数据驱动下的工业设备虚拟仿真与远程操控技术研究[J].重型机械,2018(5):14-17.

[8] 曹连民,孙士娇,李建楠,等.煤矿工作面采煤机虚拟仿真实验教学研究[J].实验技术与管理,2019,36(2):198-203.

[9] 石玥,李志,张志民.在轨服务与维护任务推演与虚拟实验平台[J].航天电子对抗,2018,34(4):57-61.

[10] 孙聪,郭春雨,冯峰,等.船海虚拟仿真国家级实验教学中心建设浅谈[J].实验室研究与探索,2018,37(8):167-170.

[11] 刘建功,吴淼.中国现代采煤机械[M].北京:煤炭工业出版社,2012.

[12] 雷静,张定堂.液压支架与泵站[M].北京:煤炭工业出版社,2019.

[13] 王星亮.煤矿机械化开采[M].北京:化学工业出版社,2008.

[14] 张文华,梁志军.滚筒式采煤机壁式面斜切进刀工艺浅析[J].现代工业经济和信息化,2014,4(20):44-47,104.

[15] 樊红卫,毛清华,杜昱阳,等.机械工程虚拟仿真实验教学平台及虚拟仿真实验建设初探[C].高校机械类课程报告论坛组委会.高校机械类课程报告论坛论文集(2017).北京:高等教育出版社,2018:33.

加工硬化实验虚拟仿真教学平台的设计与开发

石铭霄,陈书锦,周方明,杨志东,刘大双

(江苏科技大学,材料科学与工程学院,江苏 镇江 212003)

摘 要:"材料科学基础"是材料加工工程专业学生必须掌握的专业基础课程,其相关工艺实验是培养学生工程实践能力和科技创新能力的有效途径。其中,加工硬化实验环节多、周期长、大型仪器数量有限,不适合开展大规模教学,随着学生培养规模的上升,实现多人的标准化实训和考核已成为材料加工工程专业本科实验教学的瓶颈之一。本文通过对加工硬化工艺及其微观机制进行虚拟仿真,使无法在传统课堂上完成的实验教学能够完成,弥补了实体教学的不足,加强了学生对基本概念的理解和掌握,达到了培养学生工程实践和科技创新能力的目的。

关键词:材料科学基础;加工硬化;虚拟仿真实验教学

中图分类号:G434

Design and Development of Teaching Platform of Virtual-simulation for Work-hardening Experiment

Shi Mingxiao, Chen Shujin, Zhou Fangming, Yang Zhidong, Liu Dashaung

(School of Materials Science and Engineering, Jiangsu University of Science and Technology, Zhenjiang 212003, Jiangsu, China)

Abstract: "Fundamentals of materials science" is a professional basic course for the undergraduates who study on materials processing engineering. Its related process experiments are an effective way to cultivate the students' engineering-practical and technological-innovative abilities. Among these experiments, too many steps the long periods of time, and the limited instruments have restricted the large-scale teaching and learning for work-hardening experiment. It is difficult to achieve standard training and assessment for many students. With the rising of the number of the students, it has become one of the bottlenecks of undergraduate experimental teaching in material processing engineering. By means of the virtual simulation of the work-hardening process and its microscopic mechanism, the experimental teaching that could not be completed in the traditional classroom can be achieved, which compensates the deficiency of the physical teaching, strengthens the students' understanding and mastery on the basic concepts, and achieves the purpose of cultivating the students' engineering-practical and technological-innovative abilities.

Keywords: fundamentals of materials science; work hardening; virtual simulation

1 引言

随着"慕课""在线课程"等数字化技术广泛应用于教学,采取虚拟仿真方式指导学生掌握教学重点与难

作者信息:石铭霄,男,副教授,硕士研究生导师,主要研究方向为有色金属及异种金属的焊接。E-mail:smx@just.edu.cn

基金项目:国家自然科学基金(51605205)

点成为锻炼学生创新思维和实践能力的快速、有效途径。"材料科学基础"是材料加工工程专业的核心基础课程,其相关工艺实验是培养学生实践能力和动手能力的关键教学环节[1-3]。其中,加工硬化实验环节多、周期长、大型仪器数量有限,不适合开展大规模教学,随着学生培养规模的上升,实现多人的标准化实训和考核,已成为材料加工工程专业本科实验教学的瓶颈之一[4-6]。针对这一问题,江苏科技大学材料科学基础教学团队从本校材料加工工程专业实际情况出发,开发了加工硬化虚拟仿真教学资源,通过对加工硬化工艺及其微观机制进行虚拟仿真,使无法在传统课堂上完成的实验教学能够完成,弥补了实体教学的不足。此外,通过引入互联网技术,突破了时空限制,学生可以随时随地随需开展个性化自主学习,以虚促实,开启了实验教学新模式。

2 虚拟仿真教学的优势

2.1 教学理念先进

(1)坚持学生中心,注重实践能力的综合培养。从"以教为中心"向"以学为中心"转变,将实体实验不可及的实验内容转化为综合性虚拟仿真项目,结合工厂实习和线上线下混合式实践教学模式,引导学生自主学习、主动探究,强化学生实践能力的综合培养。

(2)坚持科教融合,将学科优势转化为教学优势。依托材料科学与工程国家级实验教学示范中心、江苏省先进焊接技术重点实验室、江苏省现代焊接技术服务平台,将学校的最新研究成果和材料加工前沿技术整合应用于本项目,拓展实践教学内容的深度和广度。

(3)坚持产学协同,将产业资源转化为教学资源。依托上海沪东船厂,紧密结合产业发展的最新需求,校企联合将产业优质资源转化为教学资源,实现校企协同育人,促进造船行业的技术进步。

2.2 教学内容与时俱进

加工硬化实验是材料加工工程专业"材料科学基础"课程的配套综合性大实验,涉及材料加工工艺、缺陷强化机制等重要内容。教学团队紧密结合学校定位和人才培养特点,瞄准当前材料加工领域的最新研究成果,构建虚实结合的实验教学体系,将实验内容分为材料加工工艺和强韧化机制2大模块,其核心是利用高分辨透射电镜和分子动力学仿真技术揭示位错之间、位错与其他缺陷之间的相互作用规律,探索其强韧化本质,既提升了实验教学的水平和层次,又增强了学生的实践创新能力和科学素养。

2.3 教学方法创新

(1)遵循"虚实结合"的原则。经典实体实验和虚拟仿真实验互补,突破了金属学实验教学受时空条件和大型仪器数量、操作过程等限制,让学生能充分锻炼实践操作能力,加深理论知识和技术应用的理解。

(2)注重过程学习。实验前、中、后都配有相应的在线教师或人机交互的学习指导和测验考核。

(3)情景再现式的交互教学。充分发掘虚拟仿真软件的技术优势,使生产实际场景或仪器设备构造形象呈现在学生面前,学生可以身临其境进行反复操作演练,使学习更加深入而生动。教师通过理论教学、实体实验教学和虚拟现场教学等与学生交流互动,实现自主学习、互助学习、研究性学习有机结合。

2.4 评价体系合理

虚拟仿真实验教学管理平台可以跟踪记录学生整个实验项目的学习情况,并实现在线测验与及时评价反馈。虚拟仿真实验的评价已被纳入课程评价系统中,通过教师自评、学生评学评教、网上视频播放频次、论坛活跃程度等多项指标进行评价,评价结果用于对实验及相关课程目标达成度、毕业要求指标点达成度的分析,并形成闭环用于持续改进。

3 虚拟仿真教学系统的构建

3.1 实验目的

以培养创新人才、教学资源优化共享和服务地方经济为目标,按照"能实不虚、虚实结合、以虚扩实、相互补充"的原则,以金属材料的加工硬化为切入点,将金相试样制备与显示、显微组织观察与分析、拉伸试验等一系列单一验证性实验进一步夯实和整合。依托现有实体的教学科研平台,结合了教师的研究方向和科研成果,设计了显微组织演变、位错形貌观察、冷塑性变形过程中位错的动力学行为等综合性实验,并始终遵循"化长时为短时、化危险为安全、化高难为仿真、将分散作综合"的理念,开发了加工硬化及其强化机制的综合性虚拟仿真实验项目,实现了仿真教学平台的开放共享。

3.2 实验原理

本实验利用虚拟仿真实验系统,一方面,创建冷轧机模型和典型装置模型库,通过机构调用、模块化组合和参数设定,实现冷轧机虚拟展示、性能参数测试和运行交互式操作;另一方面,利用该系统与其他功能强大的显微组织模拟软件(Micress)、分子动力学软件(Materials Studio)的集成设计,对冷轧钢板的显微组织演变和位错的分解与合成进行虚拟仿真实验。此外,指导学生完成冷轧钢板的显微组织分析、力学性能测试实体实验,要求学生从金相试样的制备与显示、显微组织观察到抗拉强度测试都独立完成。实验结束后在虚拟系统平台上提交实验报告并进行考核测试。

3.3 实验材料及仪器设备

(1)实验材料。虚拟材料和实体材料均为普通碳素结构钢Q235A。

(2)仪器设备。①冷轧虚拟仿真实验。虚拟仪器:冷轧机,虚拟仿真软件:Micress、Unity 3D、3D Max、Maya。②冷塑性变形过程中显微组织及位错演变虚拟仿真实验。虚拟仪器:高分辨透射电镜,虚拟仿真软件:Materials Studio、Micress、Unity 3D、3D Max、Maya。③显微组织观察实体实验。实体仪器:预磨机、抛光机、光学显微镜。④力学性能测试实体实验。实体仪器:拉伸试验机。

3.4 虚拟仿真实验教学平台的建设内容

(1)冷轧过程虚拟仿真实验。实现冷轧机整机虚拟装配、运动仿真及优化;将冷轧机和辅助装置加载到虚拟场景,实验过程中可在参数设计对话框输入不同的轧制参数,使学生了解在不同的冷轧工艺参数下,钢板的组织结构变化规律。

(2)冷轧板材显微组织观察实体实验。首先指导学生制备冷轧板材的金相试样,并进行化学腐蚀,使学生初步掌握金相试样的制备与显示技术;然后通过教师讲解及参观陈列样品使同学们了解冷轧板材显微组织特点及其形成规律;最后,指导学生运用光学显微镜观察冷轧板材的显微组织,使学生能够正确区分显微组织中的组织组成物和相组成物。通过上述训练,为执行后续的虚拟仿真实验打下基础。

(3)显微组织及位错演变虚拟仿真实验。利用MICRESS V4.2软件对钢板在冷轧过程中的显微组织演变行为进行仿真;借助Materials Studio软件对位错形态、分布、数量、与其他缺陷的交互作用行为进行仿真;依据真实的高分辨透射电镜设备,使用3D Max和Unity 3D进行设备建模以及设备布局设计,构建高分辨透射电镜虚拟仿真实验环境。基于显微组织演变和位错组态及动力学行为仿真结果,结合高分辨透射电镜虚拟仿真实验环境,使用Unity 3D引擎和VSL脚本实现3D动态仿真交互,学生可以在虚拟环境下操作透射电镜,对冷轧钢板的显微组织和位错进行观察。

(3)力学性能测试实体实验。

指导学生进行冷轧板材的拉伸实验,首先使学生掌握拉伸试样的制备要求、关键实验参数的选择准则、应力-应变曲线的绘制流程;其次,学生要会使用应力-应变曲线分析金属材料的变形过程,特别是塑性变形过程;最后,使学生了解冷轧工艺、组织结构与力学性能之间是紧密相关的:钢板经冷轧后性能之所以发生显著的改变,是由于冷轧后钢的组织结构发生了变化,因此钢在不同轧制条件下的组织转变规律,就是冷轧的原理。

4 实施效果

在实际教学过程中将虚拟仿真实验和实体实验有机结合,促使学生从原本的"要我学"状态转变为"我要学"状态,使学生认识到自己是教学的主体,是学习的主人。同时,虚拟实验极大地拓展了时空局限,让具有自主学习积极性的学生能够大幅度提高学习效率,实验教学效果得到明显提升。

5 结语

冷加工硬化是金属材料最常用的几种强化方式之一,冷加工硬化机制涉及显微组织和位错的演变行为,其概念性强、内容抽象,但受限于实验方法和实验仪器的不足,目前不能对显微组织和位错的演变行为进行直接的观察。因此教师讲解难度大,学生也较难接受。

开展虚拟仿真教学,让学生可以在虚拟环境中通过操作高分辨透射电镜对显微组织和位错的演变行为进行直接的观察,帮助学生更加深刻地理解冷加工硬化的概念,使基本科学概念的建立是通过内在的领悟而不是外在的灌输,有助于激发学生的求知欲和探索精神,对于提升材料科学基础课程教学效果具有积极作用。

参考文献

[1] 刘彦平,钟文武,张艳妮,等.材料科学基础实验课程体系改革的探讨[J].广州化工,2016,44(12):213-214.
[2] 王泽鑫,徐玲利,芦笙,等.《材料科学基础》创新实验体系的改革与实践[J].产业与科技论坛,2016,15(8):190-191.
[3] 丁国华,刘强春,李明,等.材料科学基础实验内容的优化设计[J].淮北职业技术学院学报,2016,15(4):125-126.
[4] 朱世杰,王利国,任晨星,等.开展多层次实验教学培养材料类本科生的创新实践能力[J].中国现代教育装备,2014,17:56-59.
[5] 万红,堵永国,白书欣.从"材料科学基础"课程的教学策略看中外教育的价值取向差异[J].高等教育研究学报,2011,34(1):51-53.
[6] 郭秀艳.应用型本科材料科学基础教学改革[J].中国冶金教育,2013(5):6-7.

实验室建设与管理

以安全为重心的理念下高校教学实验室的管理与建设

曹晓梅,张 平,陈笑笑,凌梦荧,张 玲,王 琼

(江南大学 工业生物技术教育部重点实验室,江苏 无锡 214122;江南大学 生物工程学院,江苏 无锡 214122)

摘 要:高校教学实验室是培养实用型人才的重要平台。随着高校教学实验不断改革与发展,国家对高校教学实验室提出了更高的要求。当前高校教学实验室管理与建设存在一些问题,如管理制度不完善、实验室设备设施不先进、实验员队伍水平不高等,制约着高校教学实验改革及发展的步伐。在以安全为重心理念下,围绕教学实验室管理制度、实验室设施以及实验员队伍建设3方面进行讨论与分析,就如何更高效管理与建设好高校教学实验室方面提出了相关建议,以期建造良好的教学实验环境,实现教学资源利用最大化,更好地服务于人才培养。

关键词:高校教学实验室;实验室安全;智慧实验室;实验员

中图分类号:G482

A Study on the Management and Construction of Biochemistry Teaching Laboratory in Universities under the Concept of Safety

Cao Xiaomei, Zhang Ping, Chen Xiaoxiao, Ling Mengying, Zhang Ling, Wang Qiong

(Key Laboratory of Industrial Biotechnology of Ministry of Education Jiangnan University, Wuxi 214122, Jiangsu, China; School of Biotechnology, Jiangnan University, Wuxi 214122, Jiangsu, China)

Abstract: The university teaching laboratory is an important platform for cultivating practical talents. With the continuous reform and development of teaching experiments in universities, the state has put forward higher requirements for university teaching laboratories. At present, some problems in the management and construction aspects exist in teaching laboratories, such as imperfect management system, unadvanced equipment and facilities and low quality of laboratory staff, which affect the pace of teaching experiment reform and development universities. Under the concept of safety as the focus, the paper discusses and analyzes the management system of teaching laboratory, laboratory facilities and the construction of laboratory technician team, and puts forward relevant suggestions on how to manage and construct teaching laboratory in universities more efficiently, with a view to build a better environment, maximize the use of resources, and better serve the cultivation of talents.

Keywords: university teaching laboratory; laboratory safety; intelligent laboratory; laboratory technician

1 前言

本科生教学实验是将专业基础知识转化为实践操作的重要过程,能够加深学生对专业的了解,是学生迈入研究生生涯做好科研、迈向社会做好工作的重要基础。2018年,《教育部关于加快建设高水平本科教育全面提高人才培养能力的意见》中指出"要加强校内实验教学资源建设,构建功能集约、资源共享、开放充分、运

作者信息:曹晓梅,女,硕士,实验师,主要从事实验教学工作,实验室管理和科研工作。E-mail:1452178787@qq.com

作高效的实验教学平台"。教学实验室作为本科生教学实验和人才培养的重要场所,在培育高水平本科生实验教学课程和培养高质量科研人才方面至关重要。2019年,教育部出台了《关于加强高校实验室安全工作的意见》,该意见对高校实验室安全提出了更加具体的工作要求。高校教学实验平台的建设和管理与实验室安全紧密联系,确保实验室安全是保证高校教学实验平台正常运行的必要前提,而探究如何建设和管理好教学实验室也是保障实验室安全必不可少的举措。本文以安全为重心理念,围绕教学实验室管理制度,实验室设施以及教学实验员队伍建设3方面进行讨论,探讨如何更高效地管理与建设好高校教学实验室,助力于实践育人。

2 教学实验室管理目前存在的问题

2.1 实验室制度管理不够完善

实验室安全管理制度不够完善,比如:实验室存在安全责任落实不到位、管理制度执行不严格、日常实验室管理浮于表面等方面的问题。安全教育宣传不充分,不少实验员对于安全问题意识淡薄。目前大多数实验人员将重心放在实验工作上,对实验室的安全不够重视,会将一些有关安全的细节问题忽视。此外,实验室危化品废弃物管理存在众多问题,如:药品存储不够规范、使用登记制度不完善造成药品多买和过期等浪费、对试剂废弃物处理方式不规范和对危化品管制不够严格等。另外,存在仪器使用记录填写不及时和仪器的操作不规范,也缺乏对仪器设备进行定期的检查和维护。同时,教学实验室的开放制度不够完善,如无专人管理、预约很随意。由于预约大部分是电话预约,没有网约填报系统,在信息记录上尚未形成智能化管理,达不到出现问题后可查询和追踪的目标[1]。

2.2 实验室及设备设施不够先进

实验室很多安全设施和实验器材陈旧老化,存在一定的安全隐患。部分实验教室通风系统简陋,对于部分有毒的教学实验不能起到良好的通风效果和防护作用[2]。在实验教学上,很多实验课程仍然使用较为老旧的实验方法和实验仪器,实验教学缺乏一定的创新性,并且使得部分精密仪器使用效率不高而造成资源浪费[3]。此外,由于实验室管理体制的问题,使得很多老旧设备没有及时淘汰,而部分仪器设备重复购置,最后造成仪器设施布局混乱和实验室用房拥挤。实验教室空间的拥挤经常表现为:一个实验教室开展多个不同类型的实验教学工作现象,导致实验教学效率低下。

2.3 实验员队伍素质有待加强

实验员日常工作细碎繁杂,缺乏系统性。实验员基本上是一人身兼多职,如:教学实验准备工作、实验室设备采购工作、药品管理、仪器管理、安全管理工作等,经常存在能力水平与承担的责任不协调的问题[4]。此外,在某些具体事务上存在职能交叉、职能不明确的问题,导致效率低下。同时,教学实验员队伍缺乏中坚力量,而后继队伍缺乏经验,不能够形成完整的实验室管理知识体系。有些实验人员教学实验基础知识不够全面系统,对各种药品危化品危害知识认知不够明确,会使实验教学过程中存在潜在的危险。

3 高校教学实验室的管理与建设

3.1 加强实验室安全管理

加强教学实验室安全管理,完善安全管理制度。在以安全为前提下确保实验室平稳运行。建立安全责任制,实验室明确责任主体,责任落实到人。安全管理层层落实,加强对实验室的管控,有效避免危险事故的发生。在实验员进入实验室的过程中,严格把控整个实验操作过程。明确实验员是否按规定进行操作,各种设备是否平稳运行,实验环境是否安全清洁无害,实验垃圾是否安全处理等,从进入实验室到走出实验室,整个过程安全监管。拥有完整可行的应急预案和事故处理方法。定期对实验室、实验设备、实验耗材、实验药品、消防设备等进行全面检查并做好记录,及时排除安全隐患。对时间长的超过年限的设备进行及时报废处理,排除旧设备带来的安全隐患[5]。实验室进行严格的安全检查:日常检查,专项检查,月度检查,季度检查,节假日前检查,实施检查到整改的完整管理方法。

提高实验室安全准入。部门要加强实验室准入,实施安全准入制度[6]。实验员都应接受安全理论培训和安全实践培训[7],通过严格的安全技能考核后才能进入实验室。相关部门定期组织安全教育考试,定期组织实验员参加应急演练,对实验工作人员进行安全知识与技能考核。实验室工作人员接受严格的专业培训,包括专业技能培训、仪器使用培训、安全技能培训等[8],参加实验室安全知识系列讲座。实验室工作人员应具备安全知识和安全技能,熟知安全事故处理方法,保证在面对突发状况时能够沉着冷静处理。大力宣传实验室安全教育思想工作,将实验室安全理念深入人心。定期开展实验室安全活动,利用展板海报电子屏进行宣传,营造安全文化时刻在身边的氛围。

3.2 完善各项管理机制

完善实验药品管理使用,实验危化品管理、实验废物废品处理、药品使用与处理规范化。实验试剂种类繁多,成分复杂,生物化学等教学实验试剂中危化品种类繁多,存在诸多安全隐患,在配置和处理时要极为当心。新鲜试剂做好标签,分类安全存放,避免试剂分解或者挥发造成交叉污染。实验药品根据实验需求合理购买,分类安全存储,使用登记,合理存放[9]。避免药品积压存储造成浪费,定期清理各种过期药品。废液试剂安全处理,废弃物做好标记,分类收集,分类处理。危化品管理、废液废固处理按标准化管理。实验室药品形成一个从购买领用,使用登记,药品存储,到试剂配制,试剂存放,试剂处理完整规范的安全流程[10]。

完善实验设备采购,仪器设备管理使用,实验仪器维护等各项管理制度管理方法。在购置仪器之前进行充分调研,对仪器品牌型号、性能指标、操作难易程度都有充分了解。购置性价比高利用率高的仪器,发挥仪器的最大用处。仪器设备采购按照标准采购流程进行。仪器设备在培训之后方可使用。对实验仪器进行日常的保养和维护。

3.3 构建信息化管理平台

构建信息化的实验管理平台,打造智慧实验室。将现代化的"互联网+"、人工智能、大数据等技术运用于教学实验室的智能化改造中[11],为老师授课、学生实验学习与操作、实验员工作带来便利并且提高了工作效率。智慧化的教学实验室让实验教学、实验室管理更为规范。

紧跟教学实验改革的要求,在"互联网+"模式下引进智能设备运用于教学实验中,提高实验的效率。在实验室硬件控制系统上,引进先进的中央控制白板一体机多媒体演示系统方便教师授课。教师授课后可将每次实验结果录入数据库系统中,实验数据可选择云端共享[12],通过大数据分析实验结果,可对每次实验课完成度进行评价。可以对教学实验平台的实验员、实验课老师和学生的操作数据进行采集,构建完整的平台数据库,方便老师的授课、同学的上课和实验员的准备工作[13]。但学生应在实验中拒绝过多的"傻瓜式"实验操作设备,使实验不完全依赖设备。实验既要锻炼学生的手动操作能力,也要让学生从实验中加深对教学实验的原理的理解。

综合物联网管理系统包含网上预约系统、门禁系统、实验室通风系统、安全控制系统、监控系统、设备监测系统等,为实验室的安全提供监管,方便实验室的管理。智能化的综合控制系统能够实时监测电路通断状态和网络环境。在实验室的软件系统上,智慧化的系统可提供实验室线上预约对外开放,也对其他院校人员开放,增强实验室管理人员之间的交流。对于一些选修实验课,师生也可根据时间自主线上预约选择实验室,提高教学实验活力和实验室的利用率。在安排教学实验之前,每个教学实验室线上合理布局,综合考虑上课人数,根据学生实验分组情况分配实验桌、实验柜。排水系统、供电系统、消防系统合理布局,功能区分配互不影响,避免使用时产生干涉,实时监控实验室的安全状态。仪器设备等资产,药品耗材等出库入库,使用数据等全部录入系统。仪器设备布局合理,大型仪器可线上预约使用。哪些设备在使用中,哪些设备在维修中,哪些设备达到使用年限需要及时更新换代,药品耗材余量一目了然,对实验室的所有物资做到可视化智能化管理[14]。

3.4 加强实验员队伍建设

加强实验员队伍管理和建设,提高实验员的自身素质,有助于实验室更为高效地运行。提高实验室人员学历背景,优先录用高学历人员。对人员结构进行合理分配,保证老中青人员数比例协调,使后继队伍快速融入工作中。实验室人员将安全理念放在首位。在实验工作中正确佩戴个人防护用具,养成良好的实验习惯。保持教学实验室环境良好和安全,辅助实验教学工作顺利开展。实验员要不断提升自己的专业知识,学以致用。将专业知识运用于实验室各项管理中[15],做到专业化、规范化。实验员工作按照标准化管理流程进行。根据实验内容,制定每天工作具体内容,明确职责和权力。实验员将细碎的工作进行规划,使工作更为模块化系统化。制度管理明确了什么事该做什么事不该做,而标准化流程则明确什么时候做什么、在哪里做、怎么做。工作标准化流程在一定程度上解决了职能交叉这一问题,更加方便实验室管理,方便效果检查,提高实验室管理效率[16]。实验准备工作的充分程度直接关系到教学实验是否平稳展开。实验员要有责任意识、职业道德,不断提高自己的服务意识,工作内容主要为实验室服务,为教学实验服务。在教学实验过程中要积极服务师生,有问题及时与教学教师沟通,提高教学实验的质量。相关部门应提供拓宽实验员的学习途径,让实验员有更多的学习机会。实验室人员要不断学习新的知识和理念,与时俱进,为打造更好的教学实验平台服务。

4 总结

教学实验平台是高校进行教学实验的场所,也是培养学生基础科研能力、实验能力的重要平台。目前高校教学实验室的安全管理、实验室的制度管理都存在一定的问题和挑战。以安全为重心理念下高校教学实验室的管理与建设是一门重大的课题和学问。以安全为重心,构建健全的管理体制,打造先进化的教学实验平台,加强对实验队伍的建设,提高实验员自身的水平和素质,建造良好的教学实验环境,从而实现教学资源利用最大化,也更好地服务于实验创新性人才的培养。

参考文献

[1] 付争兵.建立开放式实验室的必要性及其管理模式探讨[J].实验室研究与探索,2008,27(3):126-127,148.

[2] 许洪振,刘姣娣,李先瑄.高校实验室安全管理与对策研究[J].教育教学论坛,2020(13):16-17.

[3] 冯涛,杨韬.加强高校实验室安全工作的几点思考[J].实验室研究与探索,2017,36(2):293-296.

[4] 孙伟博.实验室科学化合理建设探讨[J].教育教学论坛,2020(12):17-18.

[5] 刘亚刚,张启英,王典.加强高校实验室管理工作的几点思考[J].实验室研究与探索,2020,39(5):244-246.

[6] 沈中辉.高校重点实验室建设与创新型人才队伍建设研究[J].实验技术与管理,2019,36(2):284-288.

[7] 刘浴辉,黄绪桥.高校化学实验安全培训的深化及思考[J].实验室研究与探索,2020,39(3):279-282.

[8] 李育佳,章文伟,章福平.高校化学实验室安全教育培训体系构建[J].实验技术与管理,2019,36(7):232-234.

[9] 张杰.高校实验室精准管理任重而道远——论实验室存在安全隐患的几个主要因素[J].实验技术与管理,2019(11):237-239.

[10] 张瑞,张坤,付振书.基于绿色化学理念的高校化学实验教学中心建设与管理[J].广东化工,2020,47(6):222-223.

[11] 刘莉.一流教学实验室建设的思考[J].实验室研究与探索,2020,39(3):233-235.

[12] 张烨,张连中."互联网+"时代下的食品检测智慧实验室[J].食品安全导刊,2017(27):58.

[13] 张晓强.浅析高校实验室管理及实验教学中的若干问题[J].现代职业教育,2017(15):74.

[14] 张凯,宋慧宁,杨再明.高校智慧实验室的构建路径研究[J].数字教育,2019,5(6):30-35.

[15] 徐茵,赵姣,雷翠玉."双一流"建设背景下地方高校实验教学改革的必要性及对策探讨[J].高教学刊,2019(18):138-140.

[16] 曹葵,李江军,李惠.实验室3.0管理模式实践与探讨——以标准化流程管理替代传统制度式管理[J].教育与装备研究,2020,36(4):93-96.

美国高校实验室安全管理经验及其对国内实验室的启示

张 悦,张嘉嘉,李福海

(中国林业科学研究院经济林研究所 经济林种质创新与利用国家林业与草原局重点实验室,河南 郑州 450003)

摘 要:本文以佐治亚大学实验室为例,介绍了美国高校实验室在法律制度保障、管理体系组织架构、校园门户网站建设、实验室安全教育培训、实验室化学品管理、实验室监督监管机制等安全管理体系的管理经验,深刻剖析了国内高校实验室安全管理存在的问题,并对我国高校实验室安全管理提出相应的建议,以期为实验室安全管理提供一定参考。

关键词:安全管理模式;法律法规;组织架构;门户网站;安全教育;化学药品管理;危险废物管理;监督监管体制

中图分类号:G482

Discussion on the Laboratory Safety Management of American Universities and Enlightenment for Domestic Laboratories

Zhang Yue, Zhang Jiajia, Li Fuhai

(Research Institute of Non-timber Forestry, Chinese Academy of Forestry; Key Laboratory of Non-timber Forest Germplasm Enhancement & Utilization of National Forestry and Grassland Administration, Zhengzhou 450003, Henan, China)

Abstract: Taking the laboratory of the University of Georgia as an example, this paper introduces the management experience of American university laboratories in the safety management system, such as legal system guarantee, management system organization structure, campus portal construction, laboratory safety education and training, laboratory chemical management, laboratory supervision and supervision mechanism. In the meantime, this paper deeply analyzes the problems existing in the safety management of domestic university laboratories. It also puts forward corresponding suggestions for laboratory safety management in colleges and universities in China, so as to provide some reference for laboratory safety management.

Keywords: safety management mode; laws and regulations; structure of organization; campus portals; safety education; chemicals management; hazardous waste management; supervision system

1 前言

高等院校实验室是开展实验教学、科学研究、技术开发和人才培养的重要场所,是培养高级专业人才的重要基地。实验室安全直接关系到广大师生的身体健康和生命安全,是高校顺利开展实验教学、科研项目及人才培养的基础和保障。高校实验室人员结构复杂,人员流动性强,开展实验内容多样,实验时间不固定,实验室安全隐患无处不在[1]。

实验室安全是中外高校实验室管理的重要内容,特别是西方发达国家,高校对实验室的安全管理高度重

作者信息:张悦,女,在读博士,工程师,主要从事实验室管理。E-mail:zy5120@126.com
基金项目:林业科技创新平台运行补助项目(2019132316)

视[2-3]，例如，美国高校在实验室管理方面建立了一套完善和成熟的管理运行机制[4]，依靠科学、严格、以人为本的实验室管理理念和体系，保证全校实验室的安全高效运转，在实验室管理体系建设方面有很多值得借鉴的经验。

佐治亚大学是美国第一所公立大学，也是美国公立高等教育的发源地，被誉为"美国高等教育的摇篮"。佐治亚大学所有实验室均在健全的环境健康安全管理体系的制约管控下安全、高效地运转。笔者赴该校园艺学院访问学习期间，通过对美国高校实验室安全管理体系的接触、了解及研究，结合亲身感受，对实验室安全管理有了更深层次的理解。本文拟从实验室相关法律制度保障、实验室管理体系组织架构、校园门户网站信息化、实验室安全教育培训、实验室化学品管理、实验室监管机制等方面探讨美国高校实验室安全管理的经验，剖析目前国内实验室存在的问题，并就相关问题提出相应的建议，以期为国内高校实验室安全管理提供有价值、有应用意义的理论参考。

2 佐治亚大学实验室管理体系

2.1 法律制度保障

系统完善的法律制度体系保障着公民安全。美国联邦职业安全健康局负责制定职业安全卫生标准，其制定的联邦法《职业安全卫生法》，旨在为确保劳动者享有安全的、健康的工作环境。基于相关法律，佐治亚大学构建了细致完善的环境健康与安全管理体系，用于全面的日常安全管理。该管理体系包含一系列相关政策及政策基础上制定的具体管理办法。其中制定了9.12.4主题为"环境及职业安全"的教务政策、6.01《环境安全健康政策》[5]、6.02《采用并持续审核环境安全健康体系、角色和责任》[6]及6.03《由外部机构对佐治亚大学的设施和实验室进行检查》[7]等相关政策，以及在以上政策基础上根据具体工作内容进行细化，制定了《实验室须知》《实验室安全手册》《危险废物管理手册》[7-10]等管理办法。

佐治亚大学依据法律体系制定规章制度，既能全面有效地保障实验人员的权利，又能约束规范实验人员的行为，对触犯法律的人员予以惩罚。例如，法律规定实验人员有权了解工作区域内的危险化学品名录。该权利受到1988年制定的《佐治亚公共雇员危险化学品保护和须知》保护[11]。相反，如果触犯法律，必当受到相应的处罚。例如，危险废物应按照佐治亚大学危险废物处理手册的要求进行处理，不能通过倒进排水沟或丢弃在一般垃圾中来处理。一旦发现危险废物被非法处置时，当事人将面临巨额罚款。

2.2 管理体系组织架构

美国大部分高校普遍采用环境、健康与安全体系（environment, health & safety，简称EHS）[5]。佐治亚大学尤其重视全校所有教职工、学生及访学人员的工作和人身安全。根据校教务政策，学校建立了环境安全健康管理系统（environmental health & safety management system，简称EHSMS）。该管理系统主要通过自上而下、层次明确、分工具体的实验室安全管理单元有序运行。具体运行模式如下：

在学校层面上，设置环境健康安全管理体系委员会，包含管理执行委员会、学术/研究指导委员会、行政/运营指导委员会和研究安全委员会。管理执行委员会负责审查并指导环境、健康和安全管理的设计、开发和实施；学术/研究指导委员会主要监管科研工作的合规性；行政/运营指导委员会主要监管行政相关工作的合规性；作为常设委员会，研究安全委员会由管理执行委员会直接任命，为研究副总裁提供咨询，该委员会属于上通下达的部门，将协调具体职能部门（研究安全办公室、环境安全司）及委员会管理层次的沟通工作。环境健康安全管理体系委员会具体工作由研究安全办公室、环境安全处来实施。

在院系层面上，院系安全体系是以院系领导为主要责任人形成的院系安全管理单元，各个院系主任的职责都明确规定：确保本部门或中心/研究所的所有研究和活动符合环境健康安全法规和政策制度；确保所有管辖内的实验室定期维护，保持室内安全清洁的环境；监管实验室的人员及科研活动，发现问题及时纠正；监管实验内的危险化学品及危险废物，发现问题即刻处理。

在实验室层面上，主要由首席研究员及实验室主管负责具体实施工作。首席研究员主要负责新员工培训，确保所有实验室人员都进入Chematix库存数据库，并对该数据库进行定期维护和更新。作为首席研究员的助理，实验室主管主要负责对实验室的研究和活动进行日常监督，确保这些活动符合所有的环境安全健康法律和政策制度要求;发现问题及时告知首席研究员,并协助首席研究员处理所有环境安全健康事宜。

2.3 校园门户网站信息化

佐治亚大学拥有强大而实用的校园门户网站,该网站主要是为全体师生发布学校的最新动态管理和提供一系列的公共服务。其开发的 Chematix 系统[9],可用于全方位覆盖化学品管理:化学品库存的追踪和处理;实验室危险废物跟踪;培训情况的追踪,包括实验室须知及每年的危险废物管理培训;监督检查记录,包括全体实验室、紧急喷淋、洗眼器等的检查。该系统将安全环境处管理人员、实验人员以及监督人员有机结合起来,便于多方沟通合作。管理人员通过校园网站将实验室规章制度以及流程展示给有需要的老师和学生,而实验人员则通过电子邮件办理相关事宜,并且可以通过电子邮件或电话反馈意见或寻求帮助。与实验室安全管理相关的实验室化学品管理、实验室安全管理培训、危险废物处理等都可以通过校园网络完成。

2.4 实验室安全培训

佐治亚大学具有系统、完善的安全培训体系,可以为全校教职工提供一系列方式灵活、形式多样、主题丰富的安全培训。由环境安全处制定并在校园网上发布详细的培训计划,需要的老师或同学可以参加培训,也可以根据自身需要发送邮件要求进行针对性的培训。环境安全处提供的培训,可以满足大多数教职工及学生的通用培训需求。首席研究员及实验室主管也可以为新进入的实验室员工或学生提供现场的更有针对性的培训。

安全培训主要分为在线和现场培训,在线培训主要是通过视频、幻灯片、图表、书面或电子版本的材料等方式完成;现场培训通过观看影片、幻灯片解说、现场讲解等形式开展。工作场所安全培训的主题丰富全面,包含化学药品、气瓶安全、甲醛安全、通风柜和生物安全柜、室内外空气质量/过敏、个人防护设备、噪音/听力保护、热源安全、机器防护/机器车间、办公室安全、节假日安全和电气安全等方面[6]。

实验室安全培训覆盖到实验室使用的各个方面,所有人必须通过化学品专有知情权和化学实验室须知等方面的培训后,方可进入实验室。若在正常工作过程中需要接触危险化学品,使用人必须接受化学品专有培训,了解化学品基础知识。如果开展的试验会使用到危险化学品,必须参加危险化学品的须知培训。危险化学品培训将提供危险化学品的信息、危险化学品使用过程中的个人防护措施、在线危险废物库存、系统危险废物处理等内容。后期涉及危险废物转移工作,需要接受危险废物管理的培训,了解危险废物的定义、分类、收集、转移程序等。

所有相关人员必须在开展工作前完成大学规定的培训,而且要求每年必须完成持续培训。学校要求所有培训必须形成文件。接受培训的个人将得到一张记录表,详细记录了培训名称、培训内容简要概述、培训日期、个人签名等信息,该表将会记入档案。

2.5 实验室化学品管理

实验室化学药品种类繁多、成分复杂、具有不同程度的危险性,化学品安全隐患无所不在,其安全问题是实验室管理的重点工作。实验室化学品的购置、分类储存、使用等环节属于实验室化学品安全管理的重要内容。为了系统科学地开展化学品管理工作,佐治亚大学环境安全处建立和维持化学品的集中管理库存系统(Chematix 系统),对实验室实行化学品全方位管理。

2.5.1 安全数据表使用

进入实验室,首先要获取安全数据表。安全数据表(SDS)提供与化学品相关的信息,包括 CAS 编号、危险等级和储存代码[8]。每个实验室的危险化学品清单将由实验室主管保存,每年 5 月和 11 月,实验室主管将按名称提供所有化学品包括危险化学品的清单提交至环境安全处。待环境安全处整理更新后,供实验人员使用。实验人员通过安全数据表提供的信息对化学品进行科学分类、使用、存放,并且能够在发生意外时正确应对。安全数据表可以通过实验室主管、环境安全处、或化学品制造商等方式获取。

2.5.2 化学药品的购置

《佐治亚大学化学与实验室安全手册》规定,雅典主校区的化学药品须通过中心科研用品店集中采购。中心科研用品店将对标签进行条形码标记,完成 Chematix 数据库信息录入,并在校园内分发购买的化学品,据此可以确保化学品的使用情况追踪。所有其他分校必须按照既定的佐治亚大学政策订购化学品[9]。

2.5.3 化学品的库存管理

环境安全处负责对Chematix系统进行内部审核,并将审核结果归档。化学品使用人务必将新购置的化学品通过条形码扫描进行Chematix系统存储信息录入,待该化学品全部用完后,需要在Chematix系统完成信息删除。除了可以进行库存管理以外,Chematix系统可以为全校师生提供化学品共享的平台,通过化学品信息系统查询,可以锁定急需化学品的实验室定位,从而获取联系方式,便于化学品的校内共享。环境安全处负责核实各个实验室的化学品库存报告是否与Chematix系统一致,从而实现化学品全过程的追踪。

2.6 实验室监督监管机制

实验室监督监管机制是实验室安全管理的重要组成部分。科学合理的实验室监督监管体制能够通过检查及时发现问题,根据具体情况按制度处理,从而确保各项管理制度有效落实,同时有助于检验管理制度的受用情况,对实行的制度广泛征集意见,经过反馈促进管理制度的修正。实验室运行通过严格的外控和严密的内控双重监管体制,确保整体实验室运行符合学校规章制度以及联邦、州和地方法律的要求。

佐治亚大学的财产、设施和运营都要接受外部联邦、州和地方监管机构的公开和不公开检查,这些监管机构负责调查是否符合环境、健康和安全法规[7]。在调查过程中,开展调查的检查员中至少有一名佐治亚大学授权员工陪同开展工作,该员工能够代表环境安全处或研究安全处。待实验室安全检查后,生成检查报告,对于检查不合格的实验室,其负责的首席研究员将会收到检查报告,根据报告内容采取相应措施进行整改。

研究安全委员会在安全监督中发挥着核心作用。研究安全委员会负责校内所有实验室的监管,主要负责审查有关化学品和实验室安全的安全趋势。实验室检查涉及的内容很多,包括实验室卫生检查、安全隐患排查、安全设施检查、危险化学品检查等。监管部门建议实验室人员定期进行自我检查。研究安全处检查员对佐治亚大学研究社区进行实验室检查。环境安全处安全人员负责检查使用化学试剂较少或不使用化学试剂或的工作场所。每年由环境安全处对应急淋浴和洗眼器等进行功能测试,并附上测试记录确保每个紧急淋浴器和洗眼器都附有测试标签。环境安全处有责任和权限对集中库存系统进行内部审核,并将审核结果归档。化学实验室安全研究小组负责进行化学实验室的监督管理,并就检查结果与实验室个人进行商讨。以往检查督查结果可以通过Chematix系统或其他方式查询。佐治亚大学对于危险化学品的监督管理很严格,每年都要进行年度盘点。发现问题及时处理,若有个别问题不能立即解决,则应在第一时间保证减轻危害发生。

3 国内实验室安全管理存在的问题

3.1 管理体系不完善

与美国实验室管理的历史相比,我国高校实验室管理工作开展时间较晚,起点低,管理体系不够完善,主要表现为管理部门职责不清晰、管理制度不够细致、监管机制不合理等[12-13]。当前,高校实验室安全管理工作多数采用不同职能部门分块管理的模式。多个部门分块管理造成管理职责不清晰,职责交叉容易引起扯皮推诿,导致管理错位存在隐患。国内高校已经重视完善管理制度,但是管理制度落实力度不够。部分实验室缺乏全面的安全操作规程,存在包括化学药品、试剂及气体钢瓶存放不规范等问题,多数实验室甚至并没有化学品清单,以及相关危险化学品的资料,存在诸多安全隐患。国内高校普遍没有专职的监管部门,一般情况下,是成立兼职的领导小组,例行检查。监管部门专业度不高,监管力度不严格,容易流于形式,留下诸多隐患。

3.2 实验室安全教育不足

安全教育是实验室安全管理永恒的主题,落实安全教育有助于提升实验人员整体安全素质和安全意识,减少各类安全事故的发生,从而有利于实验室高效运转[14-16]。部分高校在实验室安全培训方面重视程度不够,主要表现为安全教育的形式单一、内容贫乏、监督不够、要求不严等。单一的教育形式易给接受培训的人员造成疲乏感,直接影响学习效果;贫乏的内容也不能给接受培训的人员带来全方位的学习体验。此外,对安全知识学习情况的考核流于形式,监督力度不够或未设监督环节,还会导致实验人员自身态度散漫,侥幸心理尚存,安全实验意识不够,极易带来安全问题。

3.3 实验室化学试剂管理

当前高校实验室管理将化学试剂安全列为很重要的内容,部分实验室可能对化学试剂入库情况进行网上登记,但是多数实验室药品试剂并未做到全面追踪,以及库存监控管理。化学试剂不能做到全面共享,有可能重复购置,不仅造成化学试剂的浪费,而且给实验室造成安全隐患。另外,多数实验人员仅仅了解所用试剂的部分信息,但是在使用前并未像佐治亚大学实验人员一样对化学品信息进行深入了解(例如标识、危险性、成分、组成、急救措施、消防措施、意外泄漏措施、搬运和储存、接触控制和个人防护、理化性质、稳定性和反应性、毒理学信息、生态信息、处置信息、运输信息、监管信息等),容易因不当操作引发事故。

4 结语

佐治亚大学形成了一套完善系统的实验室管理体系,通过问责机制、职责分工、教职工参与、政策制度、教育培训、纠正措施、高级管理评审和高级行政参与,共同确保管理体系的有效执行,确保整体实验室安全高效运转。与之相比,国内高校实验室在安全管理方面仍然有很大的提升空间。基于此,作者提出如下7点建议:①划清各部门职责,细化部门职责内容,同时将相关部门有机结合起来,加强部门之间协作配合,完善实验室管理机制,构建更加科学合理的组织架构;②落实监督管理责任,提升监管力度,细化监管内容,促进监管机制长效实行;③加强实验室管理制度建设,深入查找自身问题,发现不足之处,进而修改或完善,重点加强实验室卫生安全及化学品管理等方面的制度建设,形成规范系统的实验室安全管理制度;④加强实验室安全管理教育培训,创新培训形式,丰富培训内容,严格把关培训考核机制,做到培训内容科学实用,培训结果落地有效,让安全培训不再流于形式,而是真正为工作所用所需;⑤加强硬件设施投入,增加必要的安全防护设施并定期监管;⑥注重软实力提升,加强人才培养,提升专业人员素质;⑦加强平台建设,将实验室安全纳入信息化管理,将管理人员与实验人员有机结合起来,形成省力高效的管理模式。

实验室安全关乎全校师生的生命安全,国内高校应建立系统完善的实验室管理体系,实行制度化管理,以预防为主,打造平安校园,为教学、科研事业提供坚实的保障。

参考文献

[1] 黄雄辉.高校实验室安全问题与管理对策探究[J].实验室研究与探索,2013,32(8):241-243,252.

[2] 阮慧,项晓慧,李五一.美国高校实验室安全管理给我们的启示[J].实验技术与管理,2009,10(26):4-7.

[3] 李国利,胡艳玲,李小山,等.英国曼彻斯特大学实验室安全管理探讨[J].实验室科学,2015,18(4):197-199.

[4] 宋宏涛,郭晓燕.美国实验室生物安全管理与安保措施及其启示[J].实验室研究与探索,2012,31(2):158-163.

[5] The University of Georgia. 6.01 Environmental Health and Safety[Z]. 2016.

[6] The University of Georgia. 6.02 Adoption and Ongoing Review of EHS System, Roles, and Responsibilities[Z]. 2016.

[7] The University of Georgia. 6.03 Hosting Inspections of UGA Facilities and Laboratories by Outside Agencies[Z]. 2017.

[8] The University of Georgia. Environmental Safety Division Right to Know Program[Z]. 2017.

[9] The University of Georgia. Laboratory Chemical Safety Manual[Z]. 2016.

[10] The University of Georgia. Hazardous Waste Manual[Z]. 2019.

[11] The University of Georgia. Hazardous Chemical Protection Communication (Right to Know) Plan[Z]. 2017.

[12] 王慧春.美国高校生物实验室管理之体验[J].教育教学论坛,2018,3(12):7-8.

[13] 许红霞.美国实验室化学品安全管理模式及借鉴意义[J].第三军医大学学报,2011,33(13):1420-1421.

[14] 宋宏涛,郭晓燕.美国实验室生物安全管理与安保措施及其启示[J].实验室研究与探索,2012,31(2):158-163.

[15] 贺占魁,黄涛.综合治理视角下的高校实验室安全管理体系构建[J].实验技术与管理,2019,36(1):4-7.

[16] 赵庆双,闻星火,李明.加强安全教育是保障高校实验室安全的关键[J].实验技术与管理,2007,24(9):8-11.

释光测年实验室的建设

刘瑛娜[1]，魏　欣[1]，翟　宇[2]

(1 北京师范大学 地理科学学部 地表过程与资源生态国家重点实验室，北京 100875；
2 北京师范大学 实验室安全与设备管理处，北京 100875)

摘　要：释光测年实验室可进行不同沉积物年代测定。因其配套设备内含1枚五类放射源，以及实验过程要求避光等特殊要求，基于实验室安全和辐射安全防护要求，释光测年实验室的设计建设过程比较复杂。本文以北京师范大学地表过程与资源生态国家重点实验室的释光测年实验室的建设为例，介绍释光测年实验室的设计建设和需要办理的审批手续，以期为其他单位释光测年实验室建设提供参考。

关键词：释光测年实验室；实验室建设；预处理室；红色光源；放射源库审批

中图分类号：G482

Construction of Luminescence Dating Laboratory

Liu Yingna[1], Wei Xin[1], Zhai Yu[2]

(1 State Key Laboratory of Earth Surface Processes and Resource Ecology, Beijing Normal University, Beijing 100875, China;
2 Laboratory Safety and Equipment Management Division, Beijing Normal University, Beijing 100875, China)

Abstract: The luminescence dating laboratory can be used for dating of different sediments. The supporting equipment contains a five-class radioactive source, and the laboratory requires special conditions such as a red light darkroom. The design and construction process of the luminescence dating laboratory is compared complex. This paper introduces the design and construction process and the approval procedures of the luminescence dating laboratory of the state key laboratory of surface process and resource ecology of Beijing Normal University. It could provid reference for the construction of the laboratory.

Keywords: luminescence dating laboratory; laboratory construction; pretreatment laboratory; red light; approval procedures of radioactive source bank

1　前言

释光测年实验室主要围绕第四纪地质、环境演变、水文地质、新构造活动等研究学科领域，进行不同类型沉积物的释光测年技术、方法及应用研究。该实验室可用于沙漠、黄土、河湖相沉积物、冰川沉积物及考古样品等年代的测定[1-3]。释光测年方法测定的是第四纪沉积物中石英、长石等矿物最后一次曝光后被埋藏的年龄，即沉积年龄，其测年范围可从几十年到数十万年，大于常用的放射性碳-14测定的五万年测年上限，是当前非常重要的一种第四纪年代学测年方法[4-6]。

随着测年技术的应用，越来越多的高校和科研院所建设释光测年实验室。释光测年的原理是当接受了一定放射性剂量的石英和长石等矿物受到热或光的激发时，就会将已接受的放射性能量以光子的形式释放出来。一方面，用加热或者用光束照射矿物颗粒的方法使累积的辐射能以光的形式被激发出来，同时被仪器捕捉并测定出其总的辐射剂量总量；另一方面，测量样品所处埋藏环境的单位时间内的辐射剂量。依据2个测量值就可以计算矿物的埋藏年龄[7]。释光实验要对光进行测量，要求所有的实验过程都要避光。将沉积

作者信息：刘瑛娜，女，博士，实验师。主要研究方向为实验室建设与管理。E-mail: liuyingna@bnu.edu.cn
基金项目：国家重点研发计划课题"黄土丘陵沟壑区坡体—植被系统稳定性及生态灾害阻控技术"(2017YFC0504702)

物预处理为纯的石英长石等矿物,需要经过一系列物理和化学实验处理。尤为重要的一点是配套仪器内含有 1 枚五类放射源(非豁免),用来测定过程要辐照矿物样品。

由于释光测年的原理、测年流程和测年仪器设备的特殊性,基于实验室安全和辐射安全与防护管理[8]方面的要求释光测年实验室的设计要求比较多,其建设过程比较复杂。北京师范大学地表过程与资源生态国家重点实验室的释光测年实验室经历了 2015 年新建和 2019 年搬迁 2 次,在实验室建设和审批方面累积了一定经验。本文介绍了释光测年实验室在建设和审批过程中的一些具体流程和做法,以期为其他单位释光测年实验室建设提供参考。

2 释光测年实验室特点

充分考虑实验过程避光要求,物理化学前期预处理过程以及仪器设备含有放射源等特殊要求,释光测年实验室设计为红光暗室,分为过渡间、物理预处理室、化学预处理室和仪器室 4 个部分。红光暗室环境满足实验过程对光的测量,同时设置过渡间减少进出实验室对暗室的影响。物理和化学预处理室除了要满足一般实验室的通风,给排水需求外,还需同时满足一些配套的小型设备供电需求。仪器室内配套仪器为 1 台全自动光释光/热释光测量系统(丹麦 RisTL/OSL-DA-20 C/D),该设备需要使用 1 枚活度为 1.48 GBq 的 V 类 Sr-90/Y-90β 放射源。仪器室作为放射源库的设计必须符合环境和辐射管理相关标准,并办理相关的审批手续。因此释光测年实验室在建设过程中的设计和审批工作尤为重要且比较复杂。

3 实验室建设设计与审批

3.1 实验室红光暗室建设

过渡间、物理、化学预处理室和仪器室都要求是红光暗室。设置过渡间的目的是保证实验人员在进出实验室时,实验室内部不漏光。过渡间设置在实验室进门处,安装一个红外感应提醒器,当感应有人进来时,发出提醒如手机等可发光物品禁止带入实验室;同时安装一个置物架,用于放置手机等不能带入实验室的物品。为了避免实验人员过多可能会出现同时开启过渡间的 2 个门导致自然光进入实验室的风险,将过渡间第二个门上安装阻燃布的落地遮光帘。

红光暗室不设窗户,全封闭遮光,但是实验过程要求实验暗室必须通风。安装通风橱也必须有进风口,否则无法起到空气流通的作用。将暗室一面墙设计为内外双墙,在外墙下部开一进风口,内墙上端开一出风口,在 2 个通风口都安装百叶窗[9],为有效避免漏光,内外墙中间填充透气遮光材料。

实验室的安全照明灯光要求为红光,防止样品曝光,灯光需要满足中心波长为 655nm 的红光 LED 灯管,或红色发光二极管灯排,可适当附加红色滤光膜。检验暗室红色灯光是否合格,可采用测量在暗室灯光下暴露不同时间的标准石英样品的方法。在灯光下暴露时间长短不影响标准石英样品的总剂量值,则认为该灯合格。同时为了将来检修仪器或其他特殊需求的日光照明的情况,可将实验室另设一组日光灯的电路,可将日光灯的开关安装在不方便开启比较高的位置,同时在开关墙安装保护盖,防止因误按日光灯开关造成实验室样品曝光。将红光灯的开关安装在正常使用位置。

3.2 化学和物理预处理室的建设

化学和物理预处理实验室的建设与一般的化学物理实验室类似,配备通用的试验台和吊柜,需要配备上下水系统,最好设计 2 个水槽便于实验[10]。电的配置主要满足实验室内所用仪器的供电,预处理室所用到的仪器包括烘箱、旋转器、旋蒸仪、真空过滤器和磁力搅拌器,都是需要 220V 电压的设备。

化学预处理过程中需要用到的化学试剂包括过氧化氢、盐酸、氟硅酸和氢氟酸,具有挥发性和腐蚀性,因此实验室必须配备专门的通风危化品试剂柜、通风橱和废液桶。危化品试剂柜仅用于存储实验过程近期所用到的少量的化学试剂。按照学校的规定,购买的易制爆和易制毒化学品都是存入学校的易制爆或易制毒化学试剂库,需要用时再到试剂库领用。化学预处理过程都要在通风橱内进行,通风橱的设计和风量应该符合相应的标准(GB/T 6412—1999)[11]。实验过程产生的化学废液到倒入废液桶内。在实验室安全要求方面特别注意,需要配备洗眼器、紧急喷淋和氢氟酸洗消液等化学安全防护应急设施设备和药品。

3.3 仪器室放射源库的建设与审批

仪器室使用一台全自动光释光/热释光测量系统(丹麦 RisφTL/OSL-DA-20 C/D),该设备内含 1 枚活度为 1.48 GBq 的 V 类 Sr-90/Y-90β 放射源,属于非豁免级。按照《中华人民共和国放射性污染防治法》(国务院令第 449 号),《电离辐射防护与辐射源安全标准》(GB 18871-2002)[12] 和《放射性同位素与射线装置安全和防护条例》国家环保和公安相关部门的规定,要申请领用许可证,并具备相关条件。许可明细包括要明确放射源种类、放射源库使用位置和管理部门等信息[13-15]。

向环境保护主管部门提出建设项目的环境评价申请,并提交证明材料。根据《建设项目环境影响评价分类管理名录(2018 年 5 月 2 日修订)》分类要求,使用五类放射源需要进行建设项目环境影响登记表备案,具体要求参见环境保护部第 41 号令《建设项目环境影响登记表备案管理办法》。

向公安部门进行放射性物品库风险等级申报,提供放射源库的名称、具体位置、存源明细和自核风险等级。放置五类放射源的库,风险等级为三级。根据《GA 1002-2012 剧毒化学品、放射源存放场所治安防范要求》[16]要求进行三级风险放射源库建设。库房保卫值班室等实体防范、监控等技术防范和管理都要按照标准执行。在仪器上和实验室出入口的门外设置电离辐射警告标识和中文警示说明。建设完成后要委托具有相关资质的单位进行放射源库三级防护安全技术防范系统工程检验,拿到检测合格的报告。

实验室要配备 2 名专职参加过辐射安全与防护培训并考取合格证的专业技术人员。制定健全的安全和防护管理制度、辐射事故应急措施。配备必要的防护用品和监测仪器,定期对辐射工作人员进行个人剂量监测。要委托具有相关资质的单位进行环境监测,再进行放射源库安全技术评价验收,拿到检测合格的报告。

全自动光释光/热释光测量系统在使用过程还需要用到氮气,整个实验楼没有集中供气,因此仪器室还需要配备气瓶柜,配备双瓶气瓶柜,一用一备,防止因为氮气不足而停止仪器测量。全自动光释光/热释光测量系统需要 24 h 不间断供电,因此需配备不间断电源 UPS。

4 结语

释光测年实验室建成后,在该实验室能够完成光释光或热释光测年的前处理和上机测量的全部过程,进行不同类型沉积物的年代测定。实验室隶属于北京师范大学地表过程与资源生态国家重点实验室,除了满足本单位相关研究,同时对外单位开放共享。实验室在设计和建设过程中除了考虑功能和安全需要,同时兼顾实验过程的方便性。在放射源库的建设和审批过程中,尤其注意必须符合相关法律和标准要求,需要及时和相关单位及人员进行沟通,避免出现不合理的问题。

参考文献

[1] ZHOU L P. Book Review: An introduction to optical dating: the dating of Quaternary sadiments by the use of photon-stimulated luminescence[J]. The Holocene, 1999(9): 378-379.

[2] CUPPER M L. Luminescence and radiocarbon chronologies of plays sedimentation in the Murray Basin, Southeastern Australia[J]. Quaternary Science Reviews, 2006, 25(19-20): 2594-2607.

[3] 贾耀锋,黄春长,庞奖励,等.释光测年在应用方面的新进展[J].陕西师范大学学报(自然科学版),2005,33(4):115-121.

[4] 李虎侯,曹王敏贤.从光释光到热释光[J].核技术,1995,18(8):450-453.

[5] PETER W, PETER J V, MATT W T. Optically stimulated luminescence (OSL) dating of loessic sediments and cemented scree in northwest England[J]. The Holocene, 2008, 18(7): 1101-1112.

[6] 谢冰晶.单颗粒释光测年技术及其在地质考古中的应用研究进展[J].岩矿测试,2020,39(4):493-504.

[7] 李虎侯.光释光断代[J].核电子学与探测技术,2000,20(3):217-304.

[8] 陈翠英.必须认真做好高校辐射安全管理工作[J].实验室研究与探索,1995(1):65-66.

[9] 翁南洲.摄影实验暗室的设计[J].实验室研究与探索,1992(4):39,44-46.

[10] 李娇,金谷,姚奇志,等.高校分析化学实验室建设探索与实践[J].实验室技术与管理,2000,37(7):230-233.

[11] 国家机械工业局.中华人民共和国机械行业标准 排风柜:GB/T 6412—1999 [S].北京:中国标准出版社,1999.

[12] 中华人民共和国国家质量监督检验检疫总局.中华人民共和国机械行业标准电离辐射防护与辐射源安全基本标准:GB 18871-2002 [S].北京:中国标准出版社,2002.

[13] 宁信,张锐,王满意,等.高校辐射安全管理的实践与探索[J].实验室研究与探索,2019,38(12):312-315.

[14] 汪大海.高校实验室放射性同位素与射线装置管理探讨[J].实验室研究与探索,2013,32(6):231-234.

[15] 李恩敬,张志强,张聂彦,等.加强高等学校实验室辐射安全与管理[J].实验室研究与探索,2010,29(12):181-183,205.

[16] 中华人民共和国公安部.剧毒化学品、放射源存放场所治安防范要求:GA1002-2012 [S].北京:中国标准出版社,2012.

XPS 大型真空互联测试平台的建设及管理模式探讨

刘佳梅,孙 宇,孟令杰,高禄梅

(西安交通大学 大型仪器设备共享实验中心 分析测试中心,陕西 西安 710049)

摘 要：大型真空互联测试平台可将不同功能的设备集成于一套大型真空系统,能够同时完成材料的制备与表征,是现代仪器分析测试领域发展的一个新方向。本文围绕 X 射线光电子能谱仪(XPS)大型真空互联测试平台的建设背景、建设历程、配置方案、场地设计及未来的管理模式进行探讨并提出创新性的建议,可为其他大型原位表征系统的搭建和管理提供参考和借鉴。

关键词：X 射线光电子能谱仪；大型仪器联用平台；平台建设；平台管理

中图分类号：G482

Research on Construction and Management Mode of XPS Large Vacuum Interconnection Characterization Platform

Liu Jiamei, Sun Yu, Meng Lingjie, Gao Lumei

(Instrumental Analysis Center, Xi'an Jiaotong University, Xi'an 710049, Shaanxi, China)

Abstract: Large vacuum interconnection test platform is a new development direction in the field of modern instrument analysis and testing, which could integrate different functions of equipment into a large vacuum system, and complete the preparation and characterization of materials at the same time. This paper discusses the construction background, construction process, configuration scheme and management mode of X-ray photoelectron spectrometer large-scale vacuum interconnection test platform, and innovative suggestions were put forward.

Keywords: X-ray photoelectron spectrometer; large vacuum interconnection characterization platform; platform construction; platform management

1 前言

科技的快速发展,在推动社会生产力进步的同时,对于支撑其发展的基本条件——大型仪器设备,也提出了前所未有的高度要求,尤其在一些重大研究领域及前沿交叉学科领域,对于大型仪器设备的需求已经不仅仅局限于仪器设备的基本功能,而是需要更高级、更全面和更专业的功能来服务于科技的发展。因此,仪器设备功能的开发与扩展逐渐成为现代仪器分析测试领域发展的一个新方向。

目前,科学研究人员对于大型仪器设备在功能扩展方面的需求日益增加并呈现多样化,在这样的背景下,大型仪器联用平台应运而生。将不同功能的设备集成于一套系统的大型仪器联用平台,可以同时测试样品的不同性能参数,能够在一定程度上避免因样品的传输过程、测试时间、测试条件等不同而引起的结果差异。本文是基于我校校级分析测试平台的 XPS 大型真空互联测试平台(简称"平台")在搭建过程中遇到的一些问题进行的总结与讨论,对平台的建设提出了创新性的建议,并对未来的管理模式进行了初步探讨。

作者信息：刘佳梅,女,高级工程师,硕士,研究方向为表面分析、质量管理。E-mail: liujiamei@xjtu.edu.cn

基金项目：西安交通大学 2020 年度实验室与资产管理课题资助(实验室大型仪器设备功能扩展现状与管理模式研究 2020SYSYB05)

2 平台的建设背景

XPS 是一种表面分析技术,分析深度大概是表面以下约 10 nm 以内,分析室真空度需优于 10^{-7} Pa。现有商业化 XPS 的功能包括常规测试、深度刻蚀、UPS 测试、原位高低温测试等功能,可用于材料表面及深度方向的元素及化学态的定性及定量分析、价带分析、简单的原位分析等,功能相对比较基础,技术局限性明显。分析测试技术的局限性必将影响科研水平的提高,对学科建设及发展起不到有力的支撑作用。与此同时,许多科学研究任务需要具有原位测试功能的 XPS 来模拟研究过程,揭示材料表界面在一些制备、改性、反应或其他应用过程中的微观变化,或者开展一些苛刻条件下的科研工作。由此可见,将 XPS 与其他表征设备、制备设备相结合以搭建 XPS 大型真空互联测试平台,已经迫在眉睫。

3 深入调研与多学科论证相结合

基于这样的背景需求下,采取校内外深入调研与校内多学科论证相结合的方式,对平台的搭建方案从多个方面进行了系统的、深入的调研论证。

对国内包括西湖大学、中山大学、清华大学、中科院苏州纳米研究所、中科院北京化学研究所等十几家高校及研究机构的同类设备在功能拓展方面的现状及使用情况进行了实地调研。结果表明,各机构的大型真空互联测试平台的功能应用方向及规模各有不同,与机构自身的研究方向、资金投入及场地规模有很大关联,但各机构平台的运行状态都呈现良好的形势。中科院苏州纳米研究所拥有目前国内最大的真空互联平台——纳米真空互联实验站,该实验站采取真空管道连接方式,将数十台制备设备、表征设备集成于同一真空系统内,能够实现材料的原位制备及原位表征功能,目前已在催化、能源、电池等多个领域开展相关研究工作[1-2]。其他单位由于场地、资金等原因,平台配置相对简单,互联设备较少,设备总数一般少于 10 台。

对校内采取深入走访一线科研团队和调研问卷 2 种模式,广泛征集科研团队对设备功能拓展的需求方向和需求程度。同时聘请学科带头人对平台的设计方案、设备功能及设备性能指标进行多轮论证,不断地优化平台的配置方案及设备的性能指标,以期在平台搭建完成后能够充分提高平台设备的利用率、从而更好地为科研团队提供技术支撑。通过走访和调研,能够汲取大量有价值的建设及管理经验,了解学科团队的迫切需求,可为平台建设指明方向、缩短建设时间、优化建设方案。

4 平台的配置方案

一套大型表征系统配置方案的优劣可以决定该系统未来的功能使用及拓展潜力,以至于最终影响其科研支撑地位、用户认可度和系统的使用程度。所以说,配置方案的制定是平台建设中最关键的环节。基于此,通过前期的调研与论证,最终决定平台的整体配置方案为八字方针:"保证当下,兼顾未来"。所谓"保证当下"就是针对一期建设,方案以平台归属于校级测试平台为出发点考虑,结合当今表征技术发展的特点,在满足校级平台测试需求的同时,兼顾现有学科对高、精、尖表征制备技术的需求,搭建多功能原位表征系统。"兼顾未来"是指,在一期建设的同时,考虑为二期建设预留足够的扩展空间,打破测试平台未来扩展建设的局限性,保证平台建设的可延续性,以确保能够不断适应未来学科建设及科技发展的需求。据前期调研结果,多个单位由于前期规划未考虑未来扩展建设这一重要因素,造成真空互联系统在后期无法进行功能扩展,以至于系统功能单一,应用领域严重受限,局限了其在科研领域中的支撑作用。

基于"保证当下,兼顾未来"的建设方针,平台的一期建设配置方案主要如下。

大型真空系统的连接方式有圆形真空传递系统和管道式真空传递系统 2 种,相比于后者,前者的优点是连接口相对较多,场地利用率更高,缺点是成本相对较高。经过对场地、平台扩展、建设成本等多因素衡量考虑后,确定平台以圆形真空传递系统为主,通过少量管道式真空传递系统将大型真空表征设备和制备设备互联到一起,在确保平台上连接的各台大型设备保持其原有真空的前提下,进行设备互联使用,对材料进行原位制备及表征,同时也不会影响系统中各台设备的独立使用。可以实现在材料制备完成后第一时间进行无干扰的性能参数表征,能够得到最真实最准确的材料性能测试结果,使精准调控材料结构成为现实。由于材料在制备及表征的全流程是在真空系统内完成的,无须暴露于空气中,因此这套系统对于探讨反应机理、研究反应过程、精准调控材料结构等深层次的科学研究难题可以说是至关重要的,这也正是这套系统的优势之处。

在表征功能配置方面,一期规划配置 XPS、Tof-SIMS(二次离子质谱)、STM(扫描隧道显微镜)、FIB(聚焦离子束)等 4 台大型表征设备。主要用于材料的表面成分、化学态、表面形貌的表征及材料的表面处理。平台配置的 Tof-SIMS,能够很好地弥补 XPS 在定量分析中的不足。这 4 台表征设备的配置,基本上能够满足表界面科研工作者的表征需求。

在制备功能配置方面,平台一期配置有高温高压原位反应池、光催化反应池、原位电池表征系统、真空蒸镀系统等。另外还配置有 2 套手套箱用于用户的样品前处理、特殊样品中转存放及部分物性参数测试等。同时,采用与学科团队的合作方式,预留有磁控溅射仪、原位镀膜系统、化学气相沉积系统等制备设备的接口,用于材料的原位制备。

综上所述,平台建成后将成为仅次于中科院苏州纳米研究所的国内第二大平台。可满足不同研究领域的需求,如光催化、多相催化、先进能源与器件、微电子等研究领域,可广泛应用于金属材料、薄膜材料、纳米材料、催化材料、生物材料、能源材料、木材、半导体、电子器件等各种有机、无机材料的制备及表征。更为重要的是,平台将制备与表征设备集成于一套系统,其中配置的表征设备主要是表面分析类设备,且功能互补,能够很好地解决空气敏感性材料以及对表面要求极高的材料的制备及表征难题,该平台未来必将成为表界面分析研究领域的一大研究利器。

5 平台的场地规划设计

平台场地规划面积约 400 m²,场地规划设计的总体思路为:第一,场地设计须基于功能配置,平台所有设备的布局方案一定是在功能配置确定好以后进行设计;第二,功能分区明确,表征区域与制备区域应相对独立,同时考虑制备设备的真空度差异,尽量将功能及真空度相近的设备毗邻放置,避免交叉污染;第三,提升平台配置,服务高端科研,对于空气敏感性材料以及对表面要求极高的材料,制备过程难度极大,万级洁净间的配备可达到事半功倍的效果,更甚至于实现某些苛刻条件下材料的制备和表征;第四,以人为本促发展,考虑噪声对实验室工作人员的健康影响,尽量将噪声较大的辅助设备与主功能区分割开,这种设计也有利于实验室的整洁美观以及设备维护的便利性。

基于以上 4 点,整个场地按功能划分为 8 个区域:洁净区、辅助设备间、空调机房、强电间、弱电间、气瓶间、样品制备区、工程师操作区,功能区划清晰明确。其中洁净区放置平台主要设备,并且表征设备与制备设备相对分开;辅助设备间放置 UPS 稳压电源系统、循环水冷却系统及空压机等设备,便于噪音隔离及集中管理和维护。其他 6 个区域主要为整个平台提供水、电、气等资源保障。平台采取集中供气、集中供水、集中排气的方式,有利于空间的合理使用。同时还会降低不同尺寸的设备及不同功能的管道带来的凌乱感,也便于工作人员穿梭于密集的设备中间完成制备及表征工作。另外,对于供电设计部分,将供电系统直接安装于实验室原有的承重墙上,这种设计方案不仅有效利用已有设施,实现设备就近供电,同时也解决了电缆众多造成室内混乱的现象。

综上所述,XPS 大型真空互联测试平台的场地设计是一项非常繁杂的工作,是技术要素与创新设计思维的集合体。成功的场地设计不仅可降低未来场地使用成本,提高场地利用率,还可以增加工作人员的工作舒适度,提升工作效率。

6 平台的管理模式探讨

相比于单台大型仪器设备,大型真空互联测试平台的系统复杂,维护难度大,对技术人员的能力提出了极高的要求,要求技术人员不仅技术能力强,同时也要具有良好的实验室素养。平台前期已到岗 2 名高级工程师,对 XPS 和 Tof-SIMS 设备已积累了丰富的分析测试经验,后期会根据工作量的变化及设备的特点匹配工程师,协助完成相关制备及表征工作。其目标是建成一个技术层级明显、技术方向涵盖面广、技术结构合理的技术团队,能够充分挖掘大型真空互联测试平台内设备的潜在功能,同时通过"老带新"的过程,为平台未来的发展储备人才。

在管理模式上,平台所有设备将纳入学校物联网预约系统,集信息化、网络化、自动化于一体,实现对平台设备的实时化在线管理,提高设备的利用率。同时,平台定期面向用户开放上机操作培训,对培训考核合格的用户发放自主操作证书,实现独立上机操作。这种模式不仅能够帮助学生掌握设备原理、操作技能,提升个人技术能力,也能减轻平台技术人员的工作量,提高设备的使用率,最终实现平台全天候测试[3-7]。

在平台功能开放使用模式上,采取常规测试与科研合作相结合的模式。一方面,每台表征设备均开放常规样品测试,以缓解我校同类设备的分析测试压力;另一方面,采取与科研团队合作共研的模式,鼓励科研团队在平台上开展研究工作,技术人员和科研人员各自发挥所长,互帮互助,共同进步。这种管理模式的优势是可以将技术人员的技术能力淋漓尽致地体现到科研工作中,不仅能够助力科研工作,也可以通过深入科研不断地提升技术人员自身的技术能力,从而更好地为科研团队做好支撑工作。这样必将形成一个良性循环,最终实现人员技术能力提升与平台支撑地位提高的双赢局面。

在收费模式上,平台实行有偿使用模式。平台设备获得的收益主要用于保障平台的运行及发展,包括设备的日常运行维护及故障维修、人员工资和绩效支出、技术人员提升能力所需的培训费用、平台设备功能扩展等方面。常规测试按照学校政策制定测试收费标准;合作共研模式,可以针对用户的具体情况采取多种收费模式,例如按机时收费、自主操作用户收费、按项目收费等模式。但是不管哪一种收费模式,均应制定相应的收费方案,合理合规收费,避免未来发生一些因政策不明朗而造成的收费不合理、收费混乱的现象发生。

综上所述,XPS大型真空互联测试平台的管理应建立一支结构合理的技术团队,勇于创新,打破传统运行模式,采取多种开放共享模式,提升设备的使用率,多渠道开发设备的潜在功能。此外,一定要合理使用设备创收所获得的收益,提前做好经费支出计划,这样不仅可以提升设备的使用寿命,同时对平台的发展也具有深远的意义[8]。由于设备还未安装到位,所有管理模式部分只是前期进行调研后总结的初步方案,具体实施方案还要根据安装运行后的具体情况及时完善,在未来运行后的管理模式会发生哪些变化,也是对整个管理团队的一大考验。

7 结束语

XPS大型真空互联测试平台的搭建将会弥补仪器测试领域测试方法单一的缺点,未来必将成为现代仪器测试的一个发展方向。XPS大型真空互联测试平台的调研过程及建设历程具有很强的代表性和借鉴性,势必会对其他大型原位表征系统的搭建提供建设及管理经验。

此外,完善的平台管理机制能够保障平台的高效运行。平台目前还未正式开放运行,如何探索一条新的管理模式,也是我们未来需要通过实践来完成的一项重要工作。总之,平台将本着中心"开放共享、协同创新"的精神,依托学校先进的科学仪器和科技团队人员,围绕着学校"双一流"建设及学科发展需求,对平台的发展进行合理的统筹规划,不断研究并开发新技术、新方法,并将一些技术和分析测试方法贡献于社会。

参考文献

[1] WANG L X, GUAN E J, WANG Y Q. Silica accelerates the selective hydrogenation of CO_2 to methanol on cobalt catalysts [J]. Nature Communications, 2020, 11(1): 1033.

[2] WANG Z J, DONG J C, LI L F. The Coalescence behavior of two-dimensional materials revealed by multiscale in situ imaging during chemical vapor deposition growth[J]. ACS Nanoshi, 2020, 14(2): 1902-1918.

[3] 赵阳. 浅谈科研仪器使用率与效益的提高[J]. 实验室研究与探索, 2017, 36(3): 291-294.

[4] 崔江蕙, 刘会玲, 刘树庆. 高校大型仪器设备管理的实践与探索[J]. 实验室研究与探索, 2011, 30(10): 198-200.

[5] 熊娟, 杨向荣. 高校实验室大型仪器设备管理及资源共享的探索[J]. 分析仪器, 2010(5): 84-86.

[6] 姚超, 杜仲, 杨建成. 大型仪器设备管理若干问题探索与实践[J]. 实验室科学, 2016, 19(5): 184-187.

[7] 鲁伟, 李莉, 胡颖. 生物实验室仪器设备的管理与共享[J]. 实验室科学与技术, 2011, 9(1): 158-160.

[8] 张锐, 陈彦军, 郑楠. 高校大型仪器共享平台运行问题探讨[J]. 实验室研究与探索, 2016, 35(2): 277-279.

前沿探索

民族大学过控专业新工科实践体系的构建

刘天霞*,姜国平,刘 海

(北方民族大学 化学与化学工程学院,宁夏 银川 750021
宁夏回族自治区化工技术基础实验教学示范中心,宁夏 银川 750021)

摘 要:民族大学以过控专业新工科建设为契机,打造出了突出工程特色,集教学、科研、创新及为地方经济建设服务为一体的过控专业实践平台,构建了一体化、工程化的过控专业工程实践体系,在夯实基本实践教学的同时,将工程理念贯穿始终,有效实现了实践教学与理论教学互相联系、互相呼应,对调动学生学习的主动性和积极性,发挥学生的创造性,树立并培养学生的工程实践能力起到良好的作用。

关键词:新工科;工程;实践体系;构建;应用型人才

中图分类号:G642.44

Built Practice System of Process Equipment and Control Engineering under the New Engineering Course Background for Minzu University

Liu Tianxia*, Jiang Guoping, Liu Hai

(1 School of Chemistry and Chemical Engineering, North Minzu University,
Yinchuan 750021, Ningxia, China;
2 Chemical engineering technology base experiment teaching demonstration center
for the Ningxia Hui Autonomous Region, Yinchuan 750021, Ningxia, China)

Abstract: With the opportunity of new engineering course construction, the professional practice platform for the process equipment and control engineering was built, including teaching, scientific research, innovation and service for local economic construction. An engineering practice system for the process equipment and control engineering was built which have integrated engineering professional characteristics. This practice system can strengthen the basic practice teaching and engineering concept. At the same time, it can effectively interconnect the practice teaching and theoritical teaching. It can play a effective role on mobilizing students' learning initiative and enthusiasm, exerting students' creativity, developing and cultivating the students' engineering practical ability.

Keywords: new engineering corse; engineering; practice system; construction; applied talents

1 前言

在"复旦共识""天大行动""北京指南"之后,新工科建设开始逐步推动高校深入探索和实践。在2018年四川大学全国教育大会精神指导下,"双万计划""六卓越一拔尖"计划2.0正有序启动。当前国家正在实施创新驱动发展、"中国制造2025""互联网+""网络强国""一带一路"等一系列重大战略,为响应国家战略需求,支撑新经济的蓬勃发展,迫切需要培养大批新兴工程科技人才。新经济要求发展"新工科",但"新工科"的发展不仅仅是面向未来布局新兴工科专业,也要使当前的工科专业突破传统的人才培养模式,转型升级、综合发展[1]。

作者信息:刘天霞,女,博士,副教授,从事发动机代用燃料研究。E-mail:liutianxia666@126.com
基金项目:北方民族大学本科教学工程再建项目(实验中心建设类)(QJSYZX201603);校级重大教育教学改革研究项目"实验室安全管理标准化体系建设的探索"

过程装备与控制工程(简称过控)专业是一个集机械、化学、能源、电子、信息、控制、材料等多个学科知识体系于一体的综合性专业。当前由于高校在师资队伍建设中比较重视学历而弱化了实践能力的重要性,对学生的创新与实践能力培养认识不足[2]。而实践教学在锻炼学生工程实践能力、培养学生创新能力、推动产学研合作等方面发挥着重要作用[3]。本校过控专业是民委系统高校中唯一具有的专业,2003年开始招生,经过十几届学生的培养,形成了比较完善的理论和实践教学体系,目前为适应"新工科"专业改革要求,又进行了系列改革与探索,探索实施工程教育模式,从而为企业培养具备较强工程能力和深厚技术基础的职业工程师。

2 过控专业工程实践体系的构建

本校过控专业以"新工科"建设为契机,构建了一体化、工程化的过控专业工程实践体系,在进一步加大基本实践教学的同时,贯彻"以学生为中心"的工程专业认证的基本理念[4],从大一就将工程理念贯穿在实践教学中,同时提倡理实结合,鼓励部分专业课的部分内容在工程训练中心现场教学,精心打造了有突出工程特色的,集教学、科研、创新和为地方经济建设服务为一体的化工实践平台,形成了具有地方民族大学特色的过控专业工程实践体系。

3 实施过程

3.1 化工原理实验夯实基础

化工原理是本校过控专业学生的核心课程之一,承担着从基础到专业的桥梁作用,是实践性很强的技术基础课程,化工原理实验是学生工程实践体系的重要基础。为了让学生夯实基础、锻炼能力,学院引进了与化工原理实验相匹配的化工原理仿真实验系统,让学生先通过仿真实验理解实验原理和目的、了解实验装置、熟悉实验操作,然后书写预习报告,对原理和所测数据做到心中有数,画出原始数据记录表格,再进行实物装置实验,最后根据实验结果撰写实验报告。化工原理实验让学生形成良好的工程实验习惯和素养,为后续的专业学习夯实基础。

3.2 增加过程工程仿真实验,提高学生参与度

将原来16课时的化工仿真实验和16课时的化工仿真实训整合扩充为48课时的过程工程仿真实验,实验项目由离心泵系统、列管换热器系统、间歇反应釜系统、连续反应系统、吸收系统、精馏系统和气体压缩系统升级拓展为离心泵系统、列管换热器系统、间歇反应釜系统、流化床反应系统、CO_2压缩机系统,并根据过控专业特色增加了管式加热炉系统和锅炉系统。化工仿真实训单人单机,独立训练,随堂在线考试,学生必需要人人动手,软件可操作性好,数字模拟逼真,也能激发学生学习兴趣和挑战困难的斗志,提高学生参与度。

3.3 过程控制实训虚实结合

过控专业以过程为主体,以装备和控制为两翼构成,控制技术及其应用能力是本专业必备能力,由于过程控制常因过程系统的复杂性和危险性,难以用真实场景训练,所以本校采用半实物仿真的多功能化学反应与过程控制实验台,开展流量自衡过程、液位自衡过程、单液位非自衡过程、反应温度非自衡过程、一阶惯性通道传递函数模型测试、衰减振荡法液位PID控制器参数整定、气体压力PID单回路控制系统的设计与整定及离心泵性能测试共8个实验,用不走物料的设备和管路结合真实的工业控制系统来完成实验,让学生在虚实结合的平台上完成控制技术的应用训练。

3.4 丰富拆装测绘实训项目

学院一直着力培养学生的实践动手能力,拆装测绘实训课程开设多年,以前主要开设阀门拆装(截止阀、闸阀、隔膜阀、球阀、柱塞阀、蝶阀)、离心泵拆装、化工管路拆装和柴油机拆装项目,现在借力新工科专业建设契机,在原来拆装测绘实训项目的基础上补充了拆装理论课及拆装安全教育,把安全意识渗透到每一个教学环节,同时丰富了阀门拆装种类,增加了止逆阀、底阀、安全阀、电磁阀等特殊用途阀门,增设了水环式真空泵、离心风机、空气压缩机3种气体输送机械的拆装测绘,调整取消了柴油机拆装实训项目。考虑到学生对过程设备内部构件的认识机会少,并且难以理解一些内构件的结构和工作原理。学院按工厂车间标准建设

了化工设备拆装测绘实训室,安装天车和电动葫芦,扩充管壳式换热器拆装实训(包含固定管板式换热器、浮头式换热器、填料涵式换热器、U形管式换热器)和塔设备拆装实训(包含填料塔和板式塔),配备各种常用填料和塔盘形式,让学生在学校就可以见到各种塔内件和热交换器内件,通过组装充全理解设备结构和工作原理。同时在完成单台设备拆装基础上增加了甲醇蒸馏成套中试装置和热水加热物料的热交换过程装置拆装实训,实现了全面、立体的拆装训练。

3.5 专业实验提升能力

通过专业实验,不仅使学生对过程装备的应力分析、失效问题及无损检测方法得到了专业训练,对流体机械的工作性能也获得深刻认识,并在实验过程对控制系统的认识得到了强化。过控专业实验主要开设10个实验项目:离心泵性能实验、压缩机性能测定实验、内压爆破实验、外压失稳实验、柔性转子临界转速实验、超声波探伤试验、换热器管壳程压力降实验、内压薄壁容器应力测定实验、搅拌器性能测试实验、超声波探伤实验,这些项目囊括了过程流体机械、过程设备设计、过程装备制造与检测3个模块,并将控制技术及应用贯穿其中,全面提升学生专业能力和素质。

3.6 化工流程仿真实训拓展实训维度

宁夏作为煤化工项目大省,煤化工飞速发展,宁东能源化工基地是现代煤化工"硅谷",煤化工人才缺口长期存在,因此需要加快培养煤化工专业人才,为宁夏煤化工快速发展提供人才和智力支持,学院从为企业培养"上手快、用得上"的过控人才出发,经多方调研,结合宁东能源化工基地的煤化工特色,历时4年筹建了煤制甲醇流程级仿真工厂实训系统,包含了煤制甲醇流程的5个工段:气化、变换、净化、合成和精馏工段。该仿真实训工厂于2017年正式投运,具备离线教室模式和中控室模式2种培训模式,并配合厂区不锈钢实物装置上的现场动手操作完成实训。离线教室中每个同学可以独立完成所有工段的训练,中控室为在线仿真操作,学生可以分工段、分角色协作完成整个流程,运用真实的DCS操作系统,能切身感受到实际工厂的运行操作过程,全厂生产调度、工段长、班组长、主操、副操等与生产现场一致的角色代入和分工,让学生在学习工艺流程的同时也充分体验和增强了团队协作、服从组织、标准化操作等工程意识。

3.7 实物流程实训锤炼工程意识

仿真实训流程可以锻炼学生动手操作能力,但是还需要结合实物流程锤炼学生工程意识。在培养方案修订中将生产实习分成2周校内实训和2周南京化机厂或者四川化工的校外实习。校内实训主要完成纯净水制备、胶水制备、碳酸钙生产、二氧化碳吸收与解吸、乙酸乙酯生产共5套实物流程的实训,其中胶水、碳酸钙、乙酸乙酯3套生产装置均能生产出工业级产品,不过考虑到学生实训的安全性,有些地方选择以水代料运行。在实物流程中,温度、压力、流量等都不再是电脑显示的数字,而是实实在在的过程参数,让学生们通过熟悉流程、分岗位认操作点和观测点、开车运行、维持正常工况、停车的全过程实训,最后再让学生自己讲解流程和操作要点,互相讨论,形成实训报告要点,回去整理撰写实训报告,整个过程走下来明显可以提升学生综合能力。

4 结论

将一体化、工程化的过控专业工程实践体系应用到过控专业新工科人才培养中,有效实现了实践教学与理论教学互相联系、互相呼应,可以充分调动学生学习的主动性和积极性,发挥学生的创造性,有利于树立并培养学生的工程意识。

参考文献

[1] 周邵萍.新工科愿景下工程教育的改革之路——过程装备与控制工程专业的发展历程与改革设想[J].化工高等教育,2017(4):21-33.

[2] 张智恩,赵宣,全学军,等.西南地区高校过程装备与控制工程专业发展及探讨[J].山东化工,2017(4):128-131.

[3] 李小川,王启立,闫小康.大学生创新能力培养的教学体系构建与实践——以过程装备与控制工程专业为例[J].化工高等教育,2019(2):17-21.

[4] 段振亚,翟红岩,蓝竹军,等.基于专业认证的过程设备设计课程教学实践与探讨[J].化工高等教育,2019(2):72-75.

线上教学资源建设及在线教学实践与体会

任爱锋,袁晓光,冯 伟,侯彦宾,孙万蓉

(西安电子科技大学 电子工程学院,陕西 西安 710071)

摘 要:现代教育的信息化建设是在线教育需求及线上教育实施的基础,是支持未来"人工智能+教育"的软硬件保障。本文以我校国家级精品课程和国家级精品在线开放课程"数字电路与系统设计"线上资源建设为例,结合2020年春季新冠肺炎疫情期间在线教学实施情况,探讨线上教学资源建设的必要性。论文在基于MOOC的"线上+线下"混合式教学模式基础上,给出了一种适用于在线教学的线上课程资源拓展融合及有效利用的拓扑结构,通过教学手段的创新,在教学环节设计过程中加强教师与学生的互动,开展探究式、发现式、讨论式等多种手段,鼓励学生提高参与意识,保证有效的学习效果。

关键词:MOOC;线上资源;翻转课堂;过程考核

中图分类号:G642.0

Practice and Experience of Online Resources Construction and Online Teaching

Ren Aifeng, Yuan Xiaoguang, Feng Wei, Hou Yanbin, Sun Wanrong

(Colledge of Electrical Engineering, Xidian University, Xi'an 710071, Shaanxi, China)

Abstract: The information construction of modern education is the basis of online education demand and implementation, and also the hardware and software guarantee of "Artificial Intelligence+Education" in the future. This paper takes the online resource construction of the course "Digital Circuit and System Design" in Xidian university, which is the national excellent course and national excellent online open course, as an example. The necessity of online teaching resource construction is discussed in combination with the implementation of online teaching during the COVID-19 outbreak in spring 2020. On the online and offline mixed teaching mode based on MOOC, one topology structure was proposed for the expansion and effective utilization of the online curriculum resources. Through the innovation of the teaching methods, it can effectively improve the teaching effect, strengthen the interaction between the teacher and students, carry out the multiple teaching approaches, such as inquiry, discovery, and discussion, to encourage the participation consciousness of the students in the process of the teaching design.

Keywords: MOOC; online resources; flipped classroom; process assessment

1 前言

线上教育资源建设伴随着在线教育的发展与需求,随着互联网技术的发展,受时间和空间的限制,传统的线下教育模式越来越不能满足人们对知识学习的渴望。从世界各国发展进程来看,科技革命和产业变革总是伴随着人才需求结构的深刻变化和教育形态与资源的极大创新,其主要原因正是知识的爆炸式更新和

作者信息:任爱锋,男,博士,副教授,博士生导师,主要研究方向为智能硬件、自主可控微系统、太赫兹波谱探测。
E-mail:afren@mail.xidian.edu.cn

基金项目:中央高校基本科研业务费专项资金资助项目(项目名称:面向国家一流课程国际化的智能教育模式研究);2021年校教育教学改革重点攻关项目(项目编号:A21002/C21027)

人们渴望的心灵。互联网、大数据、人工智能等技术快速发展,打破了传统课题教学的时空限制,为拓展学校边界提供了可能。在众多线上教学平台中,中国大学慕课(MOOC)提供了最完善的高等学校线上教育资源建设,目前已经建成从公共课、通识课拓展到专业基础课和实验课,其教学资源已经覆盖了所有专业门类,为不同的学习者提供了比较完整的知识体系[1]。虽然 MOOC 建设者尽量将课程按照知识点精心整理成适合线上学习的模式,包括配套视频、延伸阅读及课后练习等,但由于在线学习监督和评估系统的不完善,学习效果和质量因人而异,部分学习者会半途而废。作为对 MOOC 的发展和补充,SPOC(small private online course)小规模在线课程将线下翻转课堂(flipped class)形式与线上资源结合,充分体现了网络平台只是知识传授的载体,而课堂授课才是巩固教学效果和掌握教学节奏的关键[2-3]。

2020 年春季全球受新冠肺炎疫情的影响,各国均采取学校停课措施抗击疫情,全球多数停课学校切换到网络教学模式,这为线上教育及线上教育资源建设提出了严峻的考验[4]。作为高校教师,经过一学期的线上教学体验,包括专业基础课、新生学科导论及 EDA 新技术课程等,既是线上资源的建设者,也是在线直播教学的体验者,充分体会到在线教育远远不只是现实世界课堂的平移或者延伸那么简单,也不仅仅只是非常时期课堂学习的替代品,它将促进教育的系统性变革、催生新的教育生态[5]。线上教育资源建设不仅仅是课程资源在网上的各种变换与整合,其内在需要融合教学过程设计、教师的教学经验和思想深度、知识点的呈现方式及对教学效果的反馈与掌控等,其中应该包括对授课教师本人"资源"借助信息化工具的线上体现,提高线上学习效率[6]。本文以西安电子科技大学电子工程学院国家级精品课程和国家级精品在线开放课程"数字电路与系统设计"为例,介绍课程线上资源建设和在线直播教学实践与体会,研究线上教育资源建设的必要性及其主要内容,为信息时代的教育资源互联网化浪潮及推动"人工智能+教育"模式的普及进行初步的探索和实践。

2 线上课程资源建设的必要性

"数字电路与系统设计"课程是电子信息与电气工程类专业的工程基础类课程,是从理论体系严谨的基础课向工程性比较强的专业课过渡的一门学科基础课。本课程以培养学生实际应用能力为导向,通过在特殊时期采用的线上直播教学模式及相关资源建设,能够让学生在准确、系统地掌握数字电路的基本概念、基本原理和基本方法的基础上,达到传统线下教学效果,为进一步发挥网络化智能教育改革,为培养更多新工科时代的工程技术人才奠定基础。结合本课程线上教学改革,发挥我校与国际知名技术企业联合优势,实现线上理论教学与实验教学有机结合,实时与企业技术人员互动引入课程新技术发展及新的设计方法。让学生通过课程的线上理论学习,不但掌握"数字逻辑与系统设计"课程的专业基础知识,同时把握现代数字系统设计技术发展的趋势与前沿技术,了解所学知识在实际工作中的应用方向,达到提高分析与设计较大规模的数字电路系统的能力和解决复杂工程问题的能力。

3 适合在线自主学习的课程内容与线上资源建设

本课程已经有完善的网上 MOOC 资源,但 MOOC 需要与线下课堂学习互相补充。特殊时期的线上学习对学生自主性要求很高,而且老师的线上直播并不能只是简单地把线下内容照搬。因此,课程内容和线上资源需要进行相应的调整以配合教师线上直播形式的教学,增加学生自主学习时间,强化在线学习过程和多元考核评价的质量要求,保证有效的学习效果。

在线教学不同于传统的线下教学和基于 MOOC 的"线上+线下"混合式教学模式,需要通过教学手段的创新,在教学环节设计过程中加强教师与学生的互动,开展探究式、发现式、讨论式等多种手段,更需要鼓励学生的参与意识,从而保证有效的学习效果。在线直播授课的实施效果完全取决于教师的环节设计,需要教师能够围绕主要知识点的讨论和讲解,通过信息化技术手段引导学生参与线上学习,掌握对知识点的理解,采用有效的方法提醒学生及时反馈信息。

4 线上资源的拓展融合及有效利用

数字电路与系统设计课程组在中国大学MOOC网站上建设有丰富的线上学习资源,包括完整的课程视频、教案、习题库等;同时在"学在西电"网站建课包括往届线下教学视频、线上直播回放、信息发布、讨论区及问卷调查等,这些资源保证了学生在课前及课后对课程知识点的学习和理解。同时,充分利用互联网技术,让学校、企业技术专家和学生在云端交流,及时把当前数字系统发展的最新技术和设计方法通过网络传递给求知若渴的学生。打破时间和空间上的限制,帮助学生在任何时间任何地点,只需要在具备网络环境的个人计算机上即可进行新技术的学习。线上课程资源建设拓展融合及资源有效利用结构如图1所示。

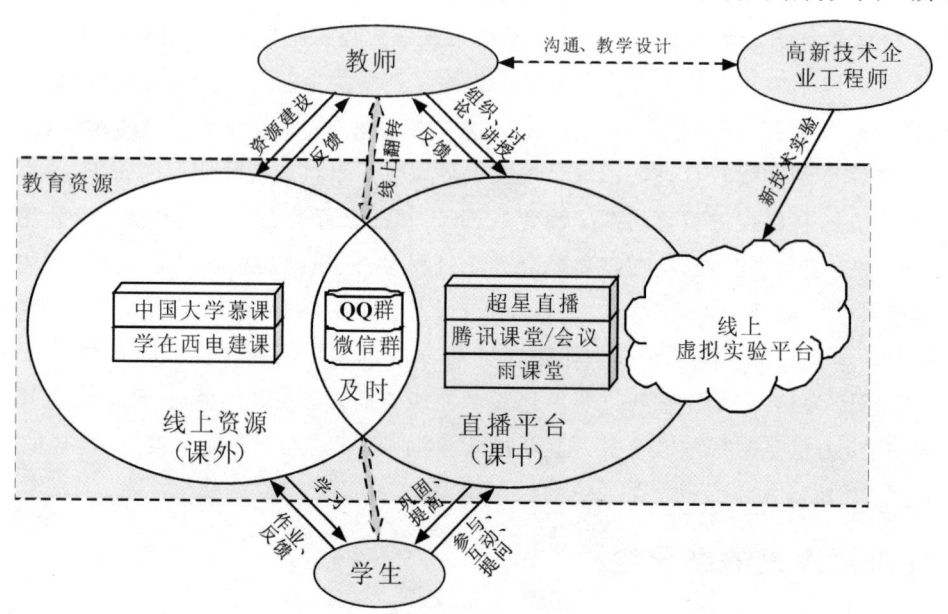

图1 线上课程资源建设拓展融合及资源有效利用结构拓扑图

Tab.1 Topolgical diagram of the online course resources

为了保证线上资源的有效利用,结合课中使用在线直播软件(如超星直播、腾讯课堂及雨课堂等)对知识点进行讲授,同时利用QQ群或微信群组织学生展开讨论和互动,实现"线上翻转课堂",让学生互相解决问题,达到对知识点巩固的目的。

5 线上教学效果评价

不同于线下课堂,线上课程可以及时了解学生对知识掌握的程度,因此线上练习与测试是进一步促进学生理解并掌握所学知识、构建自己的知识体系来灵活运用解决问题的必要手段。线上课程需要探索多维度、多形式,并且能够动态适应的测试与评定方式。多元化的线上教学诊断包括对线上资源的学习、能力的提升以及知识灵活运用的技巧等。另外,充分利用网络信息技术实时反馈学生学习情况,利用多种技术手段解决学生的疑问,充分发挥智能化教学手段,保证线上教学的顺利进行并达到满意的教学效果。

6 线上教学资源建设与教学体会

本课程的线上教学设计基于课程组教师在前期积累的基于MOOC的"线上+线下"混合式教学方面经验,在已有的MOOC资源建设基础上,结合"学在西电"网站课程资源,在确保学生学习成效、评价、线上直播教学活动和内容一致性的前提下,通过网络技术和多元信息化技术手段,让教师专注于课程内容和学生学习情况,配合多样的信息化"过程考核"方式,构建真正的线上数字电路与系统设计课程。

在教学资源建设方面,重新整合现有MOOC资源,利用好"学在西电"网站课程资源建设,教师根据学生遇到的重点、难点问题,制作在线网络视频或在已有MOOC等资源网站上选择相关内容在线推送。

在教学方式上,结合多种信息化手段,在教学直播以问题为先导,先学后教,学生及时反馈问题,实现真正的线上翻转课堂。教师在开始线上直播之前,先通过多种信息技术手段引导学生在课程网站上学习新知识,了解学生提前对知识点掌握情况。

在测试环节,利用线上提问不会让学生出现"尴尬"局面,充分发挥学生之间的质疑和互动,紧紧抓住学生的注意力,充分掌握学生对知识点的掌握情况。

疫情期间的特殊情况让我们的教育真正走入了线上教学,在我们以此方式支持国家抗击疫情的同时,也是对我们"人工智能+教育"技术的一大考验,同时也是对我们线上课程资源建设及虚拟仿真实验课程建设的实战检验,为新的培养大纲制定等相关工作积累了经验。

参考文献

[1] 赵海涛,王杉,马东堂.MOOC对高等教育的影响和应对措施浅析[J].教育进展,2014(4):104-111.

[2] 孙茂松.清华大学MOOC实践报告[R].北京:2014中国大学MOOC发展论坛.

[3] 袁松鹤,刘选.中国大学MOOC实践现状及共有问题*——来自中国大学MOOC实践报告[J].现代远程教育研究,2014(4):3-12,22.

[4] 教育部.关于在疫情防控期间做好普通高等学校在线教学组织与管理工作的指导意见[EB/OL].[2020-07-29].http://www.moe.gov.cn/jyb_xwfb/gzdt_gzdt/s5987/202002/t20200205_418131.html.

[5] 姚轩杰.疫情促进在线教育渗透率提升[EB/OL].[2020-07-29].强化教育信息化建设,新时代证券.https://max.book118.com/html/2021/0601/8002021051003105.shtm.

[6] XIN Y, ZUO X, HUANG Q. Research on the construction of seamless learning platform based on open education[J]. Asian Association of Open Universities Journal, 2018, 13(1):88-99.

新冠疫情下《机械原理》课程在线教学探索

张洪申,吴海涛,何家宁

(昆明理工大学 机电工程学院,云南 昆明 650500)

摘 要:高等教育是现代化教育的重要组成部分,是人才培养中最为重要的一环。2020 年初,一场突如其来的新型冠状病毒席卷中华大地,影响了高校的教育和教学工作。在教育部"停课不停教、停课不停学"要求下,我校开展了"机械原理"课程线上教学。本文从机械原理课程特点着手,综合分析了 6 类在线教学工具,结合学生实际情况选择合适的教学模式,从教学内容、教学方式、教学管理等角度着手调整了教学设计,并对在线教学效果进行了深入分析,探索了该课程在线教学的方式和方法,为该课程的线上教学提供了参考。

关键词:机械原理;在线教学;教学设计;教学效果

中图分类号:G642.0

Exploration on the On-line Teaching of Mechanical Principle Course upon Fighting against COVID-19

Zhang Hongshen, Wu Haitao, He Jianing

(Faculty of Mechanical and Electrical Engineering, Kunming University of Science and Technology, Kunming 650500, Yunnan, China)

Abstract: Higher education is an important part of modern education and the most important part of personnel training. A novel coronavirus spread across the world in 2020, which has greatly affected the education and teaching in universities. Under the requirements of the Ministry of Education, the online teaching of Mechanical Principle course was carried out. Firstly, the characteristics of the course are studied, the several kinds of online teaching tools are analyzed comprehensively, and the appropriate teaching mode is selected according to the actual situation of students. The instructional design is adjusted from the aspects of teaching content, teaching method and teaching management. Furthermore, the achievement analysis of the online teaching is carried out. The paper explores the online teaching mode and method of the course, and provides a reference for the online teaching of the Mechanical Principle.

Keywords: Mechanical Principle; online teaching; instructional design; teaching effectiveness

1 绪论

高等教育是现代化教育的重要组成部分,是人才培养中最为重要的一环。为全面提升高校本科专业及课程建设质量,教育部 2019 年先后启动了一流本科专业建设"双万计划"、一流本科课程"双万计划"[1,2],旨在全面推动本科专业及课程建设。2020 年初,一场突如其来的新型冠状病毒席卷中华大地,全面影响着人民的生产和生活,教育业也概莫能外。教育部要求采取政府主导、高校主体、社会参与的方式,共同实施并保障高校在疫情防控期间的在线教学,实现"停课不停教、停课不停学"[3]。为响应教育部通知要求,2020 年春季学期"机械原理"革新了教学方式,理论教学全面实施了线上教学。

作者信息:张洪申,男,副教授,博士,硕士生导师,主要从机械设计理论研究。E-mail:hongshen@kust.edu.cn

基金项目:昆明理工大学 2017 年教育教学改革重点项目——机设机原类(1303109631l9)

机械原理课程是高等院校面向机械工程、交通工程、航空机械等相关专业开设的主干技术基础课。该课程为学生学习相关技术基础课和专业课起到承前启后的作用[4],旨在通过机构学、机械动力学及机械系统方案设计等内容的学习[5],培养学生机械原理设计基础能力和创新能力,为学生今后从事不同行业机械产品的研究、设计、加工制造和运行维护等奠定基础[6]。该课程也是机械专业大学生知识、能力和素质培养的重要组成部分。

按照新冠疫情下的教学要求,课程采取了在线教学模式,文章从课程特点着手,对不同在线教学平台进行了对比分析,依据在线教学要求调整并优化了教学设计,并对学生课程学习及考核结果进行了分析,为开展本课程线上教学或混合教学提供参考。

2 课程特点

作为机械工程、车辆工程等大机械类专业的必修技术基础课,"机械原理"课程涵盖常见机构的动力学及运动学、机械系统方案设计等基础内容,具有涵盖知识点多、理论性强且内容分散等特点,具体表现在以下几方面:

(1)课程涵盖知识点广泛。该课程研究有关机械的基本理论问题,涵盖机构的结构分析、运动分析、受力分析,机械的效率、自锁、平衡、运转及速度波动的调节,平面连杆机构、凸轮机构、齿轮机构、齿轮系、工业机器人机构、其他常用机构的设计计算,以及机械系统的方案设计等内容,基本概念及知识点众多[7,8]。

(2)课程涵盖内容理论性较强。机构运动分析、受力分析及设计中,包含理论分析内容较多,需要学习者具备一定的高等数学、理论力学等基础知识。如在机构的运动分析中,做构件的位移、速度及加速度和角位移、角速度和角加速度等运动分析时,离不开科氏加速度、复数和矩阵理论等力学和高等数学知识。在做机械运转及速度波动调节分析中,机械运动方程的建立又以机构转动惯量等力学以及微积分变换等高等数学内容为基础。

(3)课程内容较为分散。"机械原理"课程不仅涵盖内容较多,且各部分内容之间又具有一定的独立性,内容较为分散。在机构设计部分,包括平面连杆机构、凸轮机构、齿轮机构、棘轮机构、槽轮机构、螺旋机构等等常见机构,其各部分之间关联性较弱,内容多且分散,需要学生逐一展开学习,难度较大。

3 在线教学平台分析及使用

"机械原理"的教学中涉及大量的机构、零件及机械三维模型演示,同时还涉及大量公式推导,在线课堂上需能满足实时互动和板书撰写。因此,采用适宜的在线教育平台开展教学,是保证教学质量的关键因素。在正式开课前,团队教师对SPOC、腾讯课堂(极速版)、腾讯会议、QQ群、雨课堂等在线教学平台进行了试用,并进行了对比分析(表1)[9]。最终选择"腾讯课堂+雨课堂+QQ群+SPOC"混合模式作为课堂在线教学方式。

在采用的"腾讯课堂+雨课堂+QQ群+SPOC"混合模式中,腾讯课堂作为主要的实时在线教学平台,其他作为辅助平台。课前,教师通过雨课堂和QQ群的"公告"功能发布上课通知及课前预习内容,确保每位学生都能收到通知,保证学生按时上课;同时,通过SPOC平台发布对应MOOC视频及课件[10],引导和督促学生完成课前预习环节。课堂上,以腾讯课堂为载体,通过其"屏幕共享"功能分享屏幕,呈现教学课件及视频等教学材料;同时,教师通过启用雨课堂进行界面共享,让学生通过扫描雨课堂二维码签到;此外,通过腾讯课堂"举手"功能,实现师生实时语音互动,克服雨课堂只能弹幕反馈的缺点,也可通过雨课堂"随机点名"功能,实时和学生互动,了解学生学习情况。课后,学生通过QQ群或微信群进行课堂信息反馈和实时互动交流,便于教师及时解答学生学习过程中的疑惑或困难;同时学生可以通过腾讯课堂视频回放、SPOC教学平台的MOOC视频等教学材料,查漏补缺,完成教学内容学习;教师通过雨课堂或QQ群布置作业,学生完成作业后实时上传,教师通过作业掌握学生学习情况,并制定下一步教学计划。

表 1　在线教学平台对比分析

Tab. 1　Comparative analysis of different on-line teaching platform

在线教学平台	优点	缺点
SPOC	具有丰富的在线教学资源(如视频材料或互动课件),学生可以自主灵活地观看教学材料,实现自主学习,所有教学材料可实时回看	要求学生具有较强的自学能力和自我管控能力,教师难以实时和学生互动,且难以直接实现学生学习把控
腾讯课堂(极速版)	拥有实时视频教学、PPT播放、音视频播放、屏幕分享等授课模式,提供画板、签到、答题卡、举手连麦、画中画等10余种互动教学工具,可实现教学视频回放	难以直接实现学生学习实时监控,不能实现全班集体语音互动,且大规模班级视频对网络要求较高
腾讯会议	可进行实时视频或语音会议,实现课堂讨论;也可进行课件及视频播放,实时讲解;支持班级全员视频及语音互动	直播教学过程不能存储,其不支持教学内容回放
QQ 群	普及率高、使用面广,各类功能较多,便于开展小组讨论及发放通知等	不利于大班音视频教学,不能直接存储教学视频
雨课堂	可导入学校相应教务信息,能直接进行课件、视频等的播放,可存储、回放等	师生间不能进行语音及视频互动,不适合开展学习讨论和班级会议
微信群	普及率高、易操作、便于师生沟通,便于开展小组讨论等	不易开展课程课件和视频等教学直播

4　教学设计

4.1　教学内容设计

近年来,为了提升大学生自主学习能力及综合素质,各高校技术基础课和专业课程教学学时与学分不断压缩[11]。目前,我校"机械原理"课程共安排64学时,其中理论教学58学时,实验6学时。课程选取西北工业大学机械原理与机械零件教研室孙恒等编著、高等教育出版社出版的国家级规划教材《机械原理》为教材,该教材内容丰富,涵盖常用机构分析、设计,机械系统分析等机械基础知识,共计14章内容。内容多、课时少,如何在有限的课时中保质保量完成课程教学任务,是本课程面临的重大挑战。

针对这一情况,结合机械工程、车辆工程等专业需求和学生学习情况,任课教师依据教学大纲对《机械原理》教学内容的教学组织形式进行了梳理和优化(详见表2)。

从表2可以看出教学中对机械原理教学要求内容做到了全覆盖,对于基础且适用范围较广的内容进行深入讲解,且授课过程中,引导学生通过课堂讨论激发学生学习兴趣。另外,对于相对简单的部分拓展内容,则采取"课堂引导+学生自学"的方式开展,如其他齿轮简介所含内容较为简单,只介绍了基本概念,学生自行阅读学习即可;再如第12章其他常用机构部分,简要介绍了棘轮机构、槽轮机构、擒纵机构等用途相对较为特殊的机构,教师在课后通过雨课堂、班级QQ群、微信群以及SPOC在线平台发布相应学习材料,引导学生自学。上述教学内容设计方式,在有限的课堂教学时限内,既完成了规定内容的教学,又培养了学生的自主学习能力、拓宽了学生视野。

4.2　教学过程设计及管理

4.2.1　教学过程设计

科学的教学过程设计及管理是取得良好教学效果前提和重要的保证。课前教师通过雨课堂和QQ群发布上课信息和课前预习内容,通过SPOC平台发布对应MOOC视频及课件,引导和督促学生完成课前预习环节。课堂教学中,为防止学生长时间观看手机、电脑等设备屏幕产生的倦怠,教师每隔15 min左右,通过雨课堂或腾讯课堂随机点名提问、举手连麦互动,或开展随机课堂小测验等。开展师生互动,在消除学生学习困倦的同时,也能了解学生实时学习情况。课后,师生通过QQ群或微信群进行互动交流,教师及时解答学生学习过程中的疑惑或困难;教师通过雨课堂或QQ群布置作业,学生通过SPOC教学平台的MOOC视频等教学材料,查漏补缺,完成教学内容学习和课后作业。

表 2 课程理论教学内容梳理和优化

Tab. 2 Content and optimization of the theoritical teaching

章节	教学内容 课堂讲授	教学内容 课后自学	教学组织形式	学时
第1章 绪论	机械原理研究的对象和内容；课程在教学计划中的地位、作用和任务；如何进行本课程的学习		在线课堂讲授	2
第2章 机构的结构分析	平面运动副的类型及特性；机构运动简图；平面机构自由度的计算；机构的组成原理及其分类	机构结构的型综合及其设计	在线课堂讲授、自学	6
第3章 平面机构的运动分析	速度瞬心基本概念；用瞬心法对机构进行运动分析；图解法作机构的运动分析	用解析法做机构的运动分析	在线课堂讲授、自学	6
第4章 平面机构的力分析	机构力分析的目的；构件惯性力的确定；运动副中摩擦力的确定及考虑摩擦时机构的受力分析	不考虑摩擦时机构的动态静力分析	在线课堂讲授、自学	5
第5章 机械的效率和自锁	机械的机械效率、自锁现象及自锁条件和考虑摩擦时各种运动副中的力分析		在线课堂讲授	4
第6章 机械的平衡	刚性转子静平衡和动平衡的原理和计算；平衡实验；转子的需用不平衡量和需用不平衡度	平面机构的平衡	在线课堂讲授、自学	3
第7章 机械的运转及其速度波动的调节	机械运动方程的建立；单自由度机械系统等效动力学模型；稳定运转状态下机械周期性速度波动及其调节	考虑构件弹性时的机械运转简介	在线课堂讲授、自学	6
第8章 平面连杆机构及其设计	铰链四杆机构的基本形式及演化；四杆机构曲柄存在条件、压力角、传动角、死点和急回特性；平面四杆机构的设计	平面多杆机构；空间连杆机构简介	在线课堂讲授、自学	6
第9章 凸轮机构及其设计	凸轮机构的应用和分类；从动件的常用运动规律；图解法设计凸轮的轮廓曲线。凸轮机构的压力角、基圆半径和滚子半径的确定	凸轮机构的分析与反求设计；高速凸轮机构简介	在线课堂讲授、自学	6
第10章 齿轮机构及其设计	齿轮机构的应用、分类及齿廓啮合基本定律；渐开线的形成及特性；渐开线圆柱齿轮基本参数及啮合传动特性；渐开线齿廓形成及根切现象；渐开线变位齿轮传动；斜齿圆柱齿轮、圆锥齿轮、蜗轮蜗杆传动特性	其他齿轮传动简介；齿轮机构动力学简介	在线课堂讲授、自学	8
第11章 轮系及其设计	轮系的分类和应用；定轴轮系传动比的计算；周转轮系、混合轮系传动比的计算	行星轮系的效率、类型选择及其设计；新型行星齿轮传动	在线课堂讲授、自学	6
第12章 其他常用机构		棘轮机构、槽轮机构、擒纵机构、间歇运动机构等其他机构	课堂引导、学生自学	不占教学课时
第13章 机器人机构及其设计		机器人机构分类、特性、运动分析、静力和动力分析及设计	课堂引导、学生自学	不占教学课时
第14章 机械系统的方案设计	机械工作原理的拟定；执行构件运动设计和原动机选择；机构的选型、变异及组合；机械系统方案的拟定		课堂引导、学生自学	不占教学课时

4.2.2 教学管理

教学组织管理主要包括课前管理、课堂管理和课后拓展3个环节。

(1) 课前管理。课前管理中,教师通过雨课堂、SPOC教学平台发布MOOC视频、课件、参考文献等学习材料,尽量做到QQ随时在线,及时解答学生关于上课和课前预习的各类问题,增进师生之间的相互交流。

(2) 课堂管理。为让学生更好适应在线教学环境,教师在教学过程中应尽可能多的开启视频模式,同时鼓励学生积极参与课堂讨论,并在讨论时开启视频,提升学生学习真实感。为提升学生课堂学习积极性,通过课前扫码签到,课堂随机点名等引导和督促学生。同时,依据教学内容的不同,在每节课互动环节中设置若干互动问题,并做好时间设置[9]。

(3) 课后拓展。课后,教师指导学生开展课堂未讲授部分内容学习,并引导学生查阅机构设计、创新设计等专题报告或论文,让学生了解机械研究的最新动态,拓展学生知识学习的广度和深度。

5 线上教学效果分析

过去的一学期,借助"腾讯课堂+雨课堂+QQ群+SPOC"混合教学模式,"机械原理"课程理论教学初次全程采用线上教学(课程实验为返校后补做)。从考核结果来看,教学效果不尽人意,下面从课堂出勤、课堂教学、期末考核等3个方面进行详细分析。

(1) 课堂出勤。本课程线上教学整体出勤率不高,平均不到90%。主要原因是线上教学的初始阶段,相当一部分同学由于网络不通畅或者电子设备故障等原因,未能按时上课。直到课程教学中期上述问题才得以解决,降低了班级的整体出勤率,也很大程度上影响了这一部分学生的学习及考核结果。

(2) 课堂教学。主要从教师基本能力、学生学习能力和教师课堂管理等方面衡量课堂教学情况。从匿名问卷调查结果来看,在教师基本能力方面,53名学生(有效上课人数)对老师在线教学中是否善于启发学生思维、培养学生的实作(实算)能力满意度(如图1a所示),认为非常好的比例为79.25%,1.89%的学生认为一般;而任课老师在线课堂教学中能否做到突出重点、化解难点、讲授熟练及清晰透彻方面(如图1b所示),认为非常好的比例为83.02%,较好的比例为16.98%。上述方面整体反映出学生对教师是比较认可的。

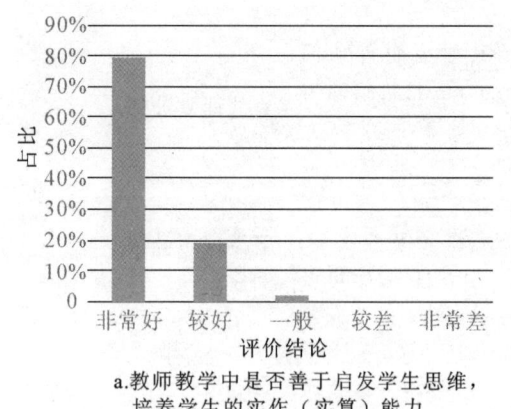

图 1 教师基本能力满意度

Fig. 1 Degree of satisfaction for basic skills of teachers

在学生学习能力方面,关于是否按时在线上课,并认真积极完成课后作业等方面,认为做得非常好的比例只有58.49%,仍有40%的同学认为自己这方面做得不是很好,该情况与出勤和作业反馈情况一致(如图2a所示)。另外,在自身的知识结构和学习能力方面,非常好的比例为33.96%,32.08%的同学认为自己一般,1.89%的同学认为自己基础非常差(如图2b所示)。从上课情况来看,主要表现在力学及数学基础知识遗忘较多,一定程度上影响了本课程的学习效果。

在教师课堂管理方面,学生在任课老师在线教学中是否保持精神饱满,声音是否洪亮方面(如图3a所示),认为做得非常好的比例为92.45%,说明大多数学生认可教师授课精神风貌等基本情况。另外,在教师与学生课堂互动方面(如图 3b 所示),较多和经常的比例为 84.90%,15.09% 的同学觉得一般。从一定程度上反映出,师生的课堂互动还应大幅加强。另从调查和学生日常反馈得出,学生更喜欢通过 QQ 群或雨课堂文本交流方式与教师沟通,可能是由于机械类专业同学相对内向和含蓄一些。但该方式较语音或视频沟通,效率较低。

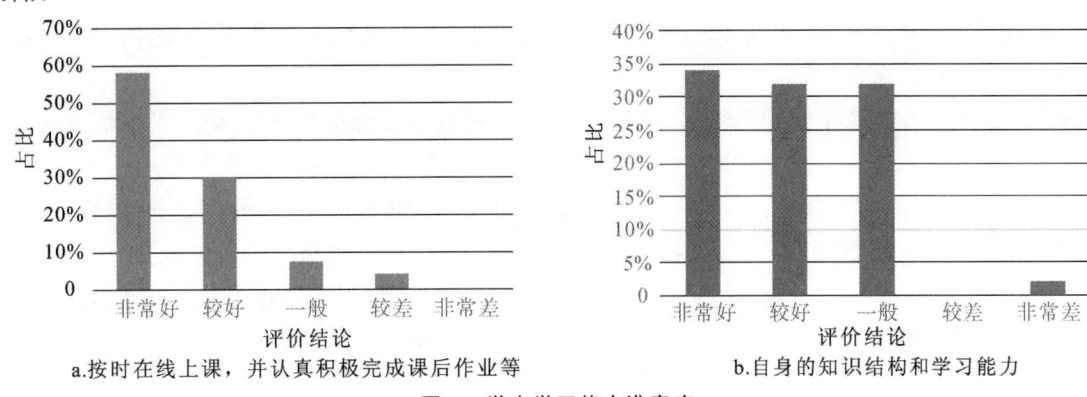

图 2　学生学习能力满意度

Fig. 2　Degree of satisfaction for ability of students

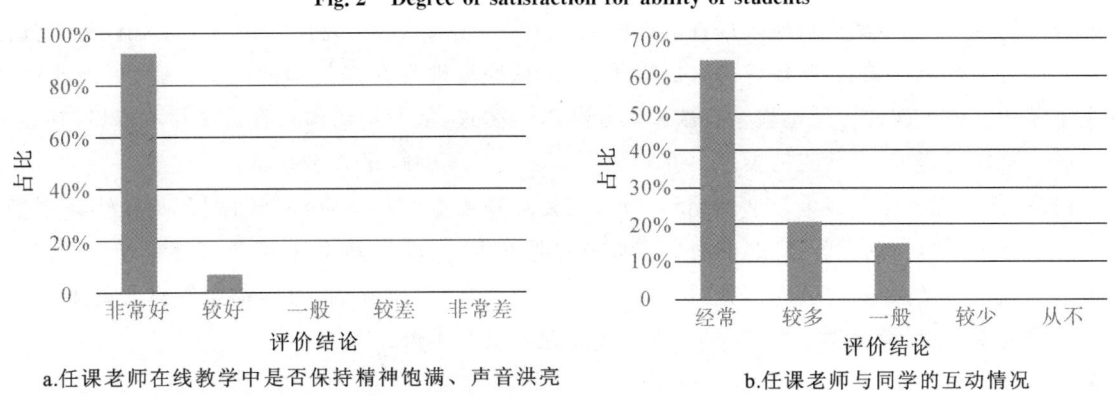

图 3　教师课堂管理满意度

Fig. 3　Degree of satisfaction for classroom management

(3)期末考核。期末考核成绩由平时成绩、实验成绩和期末考成绩等 3 部分组成,占比分别为 20%、10% 和 70%。期末考核成绩分布如图 4 所示。

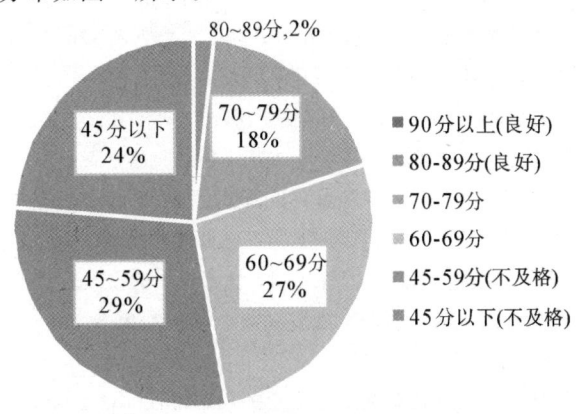

图 4　考核成绩分布图

Fig. 4　Distribution diagram of grades

从图 4 可以看出,该班期末考核成绩很不理想,成绩良好的学生只占班级 2%,而不及格比例约占 53%,其中 45~59 分占比 29%,45 分以下占比 24%。深入分析其原因,主要存在以下几方面问题:

首先,教师教学调整力度还应进一步提高。本课程第一次采用完全线上教学模式,需要教师在教学方案设计、教学内容调整、教学方式变革、学情监控等方面深入研究,充分激发学生学习的内生动力。

第二,学风建设还需常抓不懈。受限于网络等客观因素,教师难以通过视频实时观察学生学习情况,同时课程安排在周一上午第一、第二节课,部分同学上课仪态不是很好,甚至有个别同学躺着通过手机听课,学习效果难以保证。同时,上课中个别同学然显示在线,但是人在做其他事情,即便是教师点名实时互动,经常以网络信号不好或是设备故障等为托词,不能有效参与到课堂学习及互动中。

第三,网络等外在因素影响。个别同学家庭所在地偏远,网络信号不好,导致不能按时、保质保量完成学习任务,进而影响学习效果。

第四,疫情影响实验及考试安排等影响。课程实验是辅助教和学的重要环节,但是受疫情等外在因素影响,此次实验教学是在所有理论教学完成之后才开展,一定程度上影响了理论教学效果。此外,理论教学完成到考试间隔一个月时间,时间太长学生易将很多内容忘记了。在该时间段内穿插学生健康检查、返校等诸多事项,未能再安排线下教学辅导,学生亦未能全心复习,也是影响考核成绩的重要原因。

此外,还存在部分同学复习不细致,对许多问题一知半解、盲目自信,基础理论和知识掌握不扎实,在考试中遇到熟悉题型,觉得会、但是却无从下手,致使考核结果不理想。

6 结论

新形势要求下,如何开展机械原理课程的在线或线上线下混合教学,是广大机械类基础课程教师面临的重大课题。作者从教学模式、教学设计等方面着手,对机械原理课程在线教学进行了探索,为该课程的线上教学提供了参考。由于该课程理论教学首次采用在线教学模式,从考核结构来看效果并不理想,其原因包括教师教学设计不完善、教学平台支持力度不够和学生学习风气不够端正等多方面。

综合而言,机械原理课程线上教学的顺利开展,需要教师依据课程特点综合研判各类在线教学工具,结合学生实际情况选择适宜的教学模式,同时要全面调整教学内容、教学方式、教学管理等教学设计,并根据教学进程中课堂反馈、学情变换等实时调整教学过程,从课前准备、课堂互动、课后拓展等环节着手,积极引导学生树立正确的学习观、激发学生学习兴趣,进而提高课程教学质量。

参考文献

[1] 董颖博,林海."双万计划"背景下线下课程教学改革与实践——以"矿业环境污染治理工程"课程为例[J].教育教学论坛,2020(43):277-279.

[2] 廖雯琦,梁雪清."双万计划"下医学类院校"大学英语"多元混合式教学改革与实践[J].教育教学论坛,2020(38):164-165.

[3] 教育部.疫情防控期间做好高校在线教学组织与管理工作[EB/OL].[2020-08-26].http://www.moe.gov.cn/jyb_xwfb/gzdt_gzdt/s5987/202002/t20200205_418131.html.

[4] 赵燕.基于成果导向的机械原理课程改革研究[J].科技经济导刊,2020,28(20):118-119.

[5] 李树珍,张亮,石磊,等.地方应用型本科机械原理课程教学改革探析[J].现代农业科技,2020(15):262.

[6] 何丽红,刘兰,王先安,等.新工科背景下机械原理课程思政教学建设[J].科教文汇(中旬刊),2020(06):81-82.

[7] 彭翔,秦宝荣,李吉泉,等.面向工程能力培养的机械原理混合式课程教学改革研究[J].教育教学论坛,2020(23):182-183.

[8] 陈珍珍,金明生,齐欢,等.基于翻转课堂的"机械原理"课程项目式教学研究[J].教育教学论坛,2020(17):240-241.

[9] 李瑞娟,周海波,钟冠男,等.战"疫"时期"病毒生物学"课程的教学调整与思考[J/OL].微生物学通报:1-8[2020-10-07].https://doi.org/10.13344/j.microbiol.china.200258.

[10] 葛文杰.中国大学 MOOC(大型开放式网络课程)机械原理[EB/OL].[2020-08-10].http://www.icourse163.org/course/NWPU-20007? tid=1206714212.

[11] 李颖峰.新形势下高校专业课程教学质量评价与保障体系建设[J].中国电力教育,2019(12):73-74.